魏世杰爷爷讲故事
奇趣百科

魏世杰 著

热爱科学
走向未远

魏世杰

电子工业出版社
Publishing House of Electronics Industry
北京·BEIJING

未经许可，不得以任何方式复制或抄袭本书之部分或全部内容。
版权所有，侵权必究。

图书在版编目（CIP）数据

奇趣百科 / 魏世杰著. -- 北京：电子工业出版社，2025. 4. -- ISBN 978-7-121-49995-1

Ⅰ. Z228.1

中国国家版本馆 CIP 数据核字第 20258VY087 号

责任编辑：马　杰　　文字编辑：吴宏丽
印　　刷：北京宝隆世纪印刷有限公司
装　　订：北京宝隆世纪印刷有限公司
出版发行：电子工业出版社
　　　　　北京市海淀区万寿路 173 信箱　　邮编：100036
开　　本：720×1000　1/16　　印张：8　　字数：153.6 千字
版　　次：2025 年 4 月第 1 版
印　　次：2025 年 4 月第 1 次印刷
定　　价：39.80 元

凡所购买电子工业出版社图书有缺损问题，请向购买书店调换。若书店售缺，请与本社发行部联系，联系及邮购电话：(010) 88254888，88258888。
质量投诉请发邮件至 zlts@phei.com.cn，盗版侵权举报请发邮件至 dbqq@phei.com.cn。
本书咨询联系方式：(0532) 67772605，majie@phei.com.cn。

编辑寄语

"两弹一星"核武老人魏世杰爷爷今年已84岁高龄，他的一生堪称传奇。作为科研专家，他将前半生的26年奉献给了核武器研究，多项成果荣获国家奖励；后半生则投身科普创作，笔耕不辍，屡获国家科普大奖。如今，电子工业出版社与魏世杰爷爷携手，精选其最优秀的科普作品，隆重推出"魏世杰爷爷讲故事"丛书。这套丛书共8册，涵盖天空、海洋、自然、航空、航天、原子、科幻、百科等领域，堪称一部适合少年儿童阅读的小百科全书。

2025年年初，丛书中的《原子之谜》和《奇趣自然》率先面世，不到一周销量便突破2万册，足见读者对这套图书的喜爱。许多读者纷纷留言，期待其余各册尽快出版，以满足孩子们对科学知识的渴望。

科学普及是全社会共同关注的话题。著名科普作家叶永烈先生曾形象地比喻，科普作家的职责就像输电线路中的变压器。科学研究的论文和学术专著往往深奥难懂，如同"高压电"，难以被普通百姓接受；而科普作家通过通俗易懂的语言,将其转化为"低压电",使其走进千家万户。魏世杰爷爷正是这样一位杰出的"变压器"。

这套丛书的最大特色,在于寓科学于故事之中。故事是科普的最佳载体,尤其对青少年而言更是如此。阅读魏爷爷的故事,绝不会感到枯燥乏味。他以生动的语言讲述跌宕起伏的情节,设置引人入胜的悬念,令人爱不释手。他的作品"假小说之能力,披优孟之衣冠",让读者在不知不觉中"获一斑之智识",从而对科学产生浓厚兴趣,萌发走进科学殿堂的强烈愿望。

叶永烈先生曾称赞魏世杰的科普作品为"中国科普园中一丛独具特色的鲜花"。这些作品中,有多篇入选大中小学语文阅读课本,甚至成为高考语文模拟试卷的阅读材料。

这套丛书不仅是知识传递的载体,更将科学探索的精神与科学史的宏大叙事融为一体,弘扬了人类在科学探索过程中实事求是的态度,以及不畏艰险、勇于攀登的大无畏精神。这对青少年的身心成长和人格培养具有重要意义。正如魏世杰爷爷所言:"真正的科学探索,是星辰大海的仰望与脚下荆棘的共生。"

翻开这套丛书,小朋友们将开启的不仅是一段科学认知之旅,更是一次与共和国科技拓荒者的灵魂对话。愿这些文字如星辰指引航向,如原子激发能量,让科学之光照亮更多探索者的前行之路。

目录

被"撕裂"的大陆 / 001

世界屋脊上的贝壳 / 004

奇异的冰川 / 008

"月亮"掉下来了 / 012

奇特的陨石 / 015

会"鸣叫"的沙丘 / 018

古怪的河流 / 021

漂浮的岛屿 / 024

千奇百怪的湖 / 027

会跑的湖 / 030

5万人失踪之谜 / 034

奇妙的雪花 / 037

红色的雪 / 041

冰雹里有个乌龟 / 044

诱人的"湖泊" / 048

从露珠谈表面张力 / 051

细菌制造矿石 / 054

杀"夫"的螳螂 / 057

青蛙大战 / 060

狒狒幼儿园 / 063

冷冻人复活 / 066

从戴眼镜的鸡谈起 / 069

从抽水机谈大气压 / 071

超冷世界的奇迹 / 075

"超导体"自述 / 078

世界上第一台发电机 / 082

从爆竹的爆炸谈起 / 084

从王子找新娘谈起 / 087

会流动的磁铁 / 089

何为量子纠缠 / 091

何为"上帝粒子" / 097

河上奇观 / 102

奇特的塑料薄膜发电 / 105

关于核酸 / 108

人类是怎样发现病毒的 / 112

二极管的发明 / 116

晶体三极管的发明 / 119

被"撕裂"的大陆

在冰天雪地的格陵兰，一辆狗拉的雪橇终于停了下来。雪橇上坐着一位50岁，名叫魏格纳的科学家。他曾4次去极地探险，为大陆漂移学说寻找证据。这一次他心力交瘁，倒在了雪原上，漫天飞舞的雪花为他盖上了洁净的"被单"。

他向世人诉说了一件发生在几亿年前的故事，这个故事是关于地球大陆的。他说，现在地球的七大洲，包括所有的陆地，在约3亿年前都是连在一起的，叫作联合古陆。后来在约2亿年前的中生代早期，联合古陆出现裂缝，裂开的陆地开始漂移。美洲陆地向西，裂缝处变成大西洋；印度次大陆北上，和亚洲那一块陆地撞击在一起，撞出了个"世界屋脊"——青藏高原上的喜马拉雅山；东南亚那一串弧形的岛屿链，则是板块俯冲带火山活动的产物。

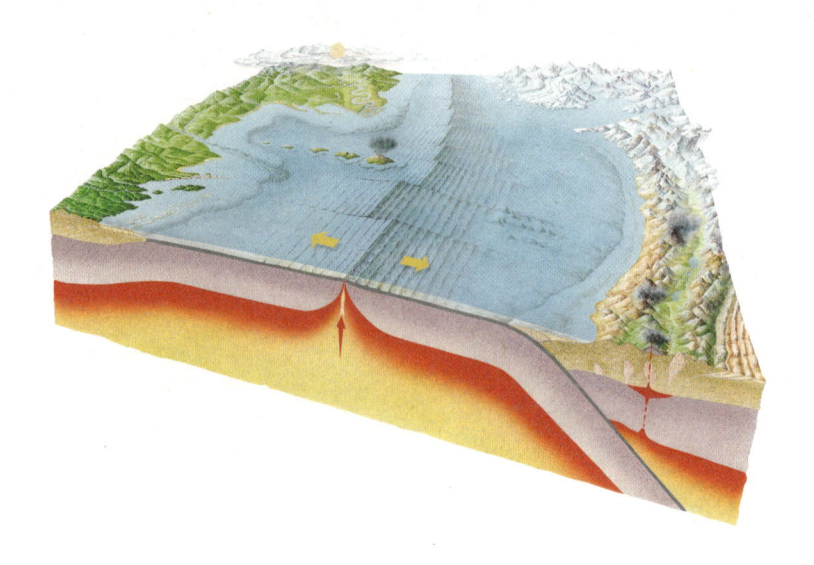

这种说法有些过于大胆了吧，谁能保证他不是异想天开、信口开河呢？1926年11月，由"权威"学者组成的地质会议就"否定"了魏格纳的这种看法，并将其斥之为孩童的"积木游戏"。

然而，自然界并不服从"权威"的"指挥棒"，越来越多的事实证明了魏格纳的看法是对的。例如，在澳大利亚、印度半岛、非洲南部和南美大陆南部等地都发现了同一种舌羊齿类植物的化石；科学家们在非洲大陆和南美大陆的地层中发现了一种相同的动物化石——"中龙"化石。如果这些大陆像现在这样隔着浩瀚的海洋的话，植物也好，动物也好，又怎能"游"过去呢？

不仅如此，最令人信服的证据是地磁学的测量结果。我们知道，地球本身像一个大磁铁，有两个磁极，分别在地理上的南极和北极附近。当地球形成之初熔岩刚刚凝固的时候，熔岩中含有的磁铁矿在地磁场的作用下会带有微弱的磁性，其方向和地磁场的方向相吻合。如果大陆发生了漂移，岩石中的磁场方向就会发生改变，不再和当地的地磁场方向吻合。所以只要测量一下不同大陆的古岩石磁性，即可判断该大陆是否发生过"漂移"。

结果呢？魏格纳说得一点儿也不错——大陆确实发生了漂移。

那么，大陆漂移的"动力"来自何处？魏格纳认为，"动力"来自地球自转产生的离心力。但人们后来计算了一下，发现这个力远远不够用。那么，究竟是什么"神力"能将大陆"撕裂"，并推动其"漂移"呢？

现在已经查明，这力量来自地球内部的地幔。地幔物质在高温高压下缓慢流动，就像烧开水时壶里沸腾的水一样，水从底部受热升到顶部，分成两股后沿表面向两边运动，冷却后又向底部流去。两股地幔物质会合的地方，地壳受到"挤压"；两股地幔物质分开的地方，地壳就被"撕裂"了。地壳的运动带动了大陆的"漂移"。

当然，这种"漂移"不是一朝一夕就能完成的，经历了2亿年的漫长变化过程，大陆才成为现在这个样子。

世界屋脊上的贝壳

喜马拉雅山被称为"世界屋脊"、地球的"第三极",那里有一系列高达8000米以上的山峰。如果有人说,在喜马拉雅山的岩石中找到了贝壳化石,证明这巍巍高山原来是海底,你是不是很难相信?

然而,这是确凿无疑的事实。地质学家经考察发现,从喜马拉雅山的中部往北分布着古生代和中生代堆积在海底的地层。他们在地层的石灰岩中找到了三叶虫、海百合和鹦鹉螺等化石,证明远古时这里就是大海。

人们常用"沧海桑田"表示人间事物的巨大变化,喜马拉雅山从海底隆起是不是比"沧海桑田"这种变化还要巨大和不可思议?

我们常用"稳如磐石"来形容稳定而不易变化的东

西，殊不知大地和岩石变化起来更令人瞠目结舌。当然，这变化的周期是漫长的，是动辄就以千万年或亿万年来度量的。

在2.3亿年以前，现在喜马拉雅山所处的区域是一片浩渺的大海，它和欧洲现在的地中海连在一起，统称为"古地中海"。在距今7000万年的新生代，一场翻天覆地的"喜马拉雅造山运动"在地球上展开了，地球像一个被"宇宙人"拿在手里乱折腾的橘子，"塔里木"和"柴达木"被按了下去，变成内陆盆地；"喜马拉雅"则凸起来，变成峥嵘的群山。

是什么力量造成地壳发生如此大的变化呢？当然不是"宇宙人"所为。

我们居住的地球，如果切开来看的话，和鸡蛋差不多：地壳相当于蛋壳，地幔相当于蛋白，地核相当于蛋黄。地壳的厚度是不一样的。大陆下面的地壳要厚一些，厚度为20～70千米。海洋下面的地壳只有5千米左右。地幔在缓慢地流动着。地幔的流动带动着地壳也在运动。

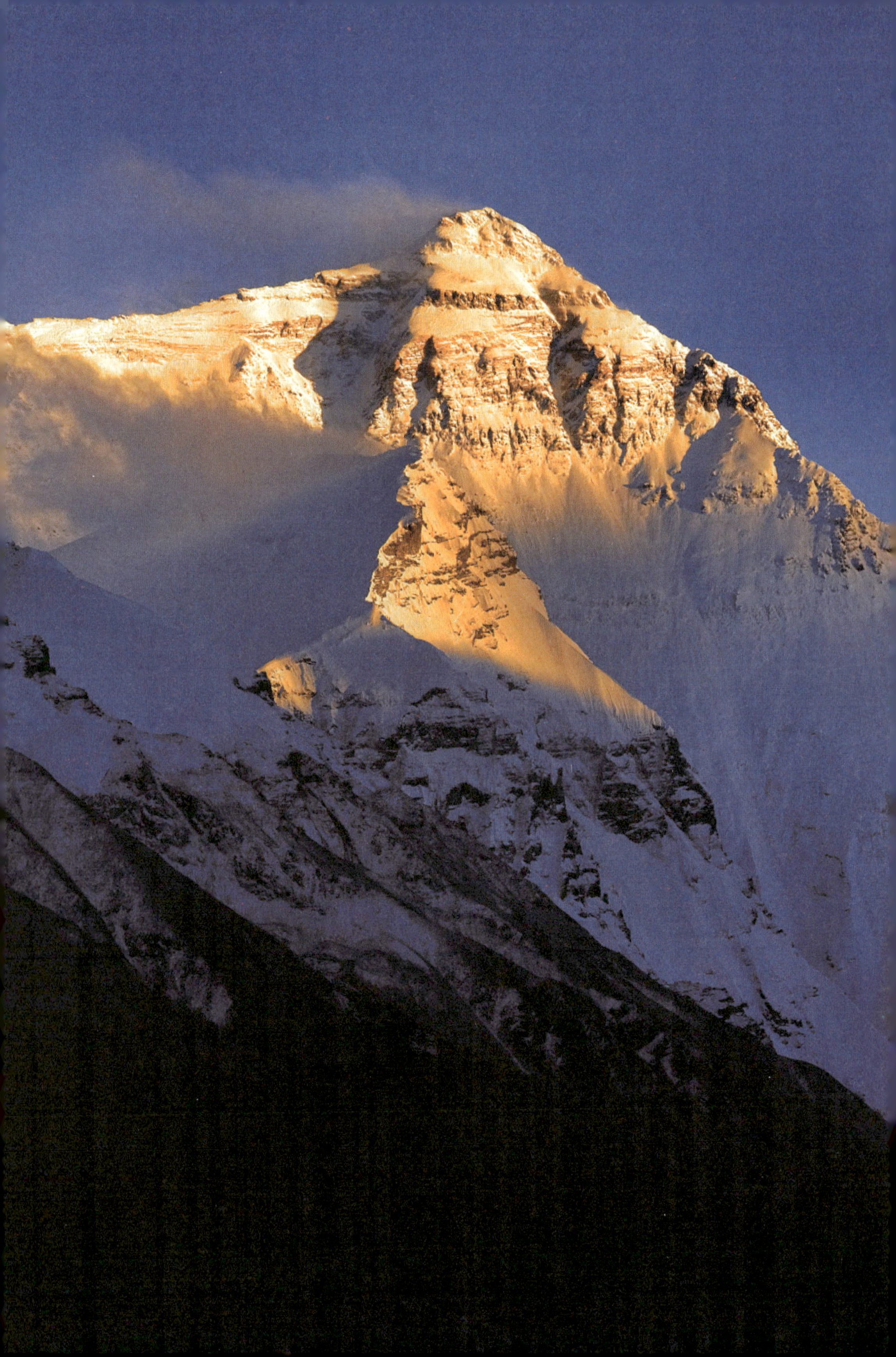

在地幔往下运动的时候，地壳随之被牵动而凹陷下去。这时，大陆附近的海底，由于土和沙子不断地向下沉降，日积月累，就堆积成厚达1万米的地层。

地层堆积到一定程度后，地幔向下运动的拉力减弱，堆积层就会因为比周围岩石的比重小而浮起来，形成许多褶皱和裂纹；地下岩浆由此喷发，喷发的大量岩浆连同堆积层一起便形成很高的山脉。在喜马拉雅山上就可以看到厚达1万米的堆积层。在这些堆积层中，可以找到海洋生物的遗迹。

经过调查发现，世界各地大山脉的大多数高耸的山峦都是由海底隆起而形成的。例如，欧洲的阿尔卑斯山、北美洲的落基山和南美洲的安第斯山等，它们都是从海底隆起的。

沧海变成高山，高山还能变成沧海吗？答案是肯定的。峻峭的高山会衰老，会被无情的岁月夷为残丘和平地，而残丘和平地在地幔流动的牵动下也会下陷，被浩渺的海水淹没。一个例子是日本人曾经在海底挖出许多古代的大树根，它们的直径达4米以上，有杉树、栗树和橡树。据考证，它们生活的年代距今约1万年。显然，那就是沉陷下去的陆地森林的遗迹。

奇异的冰川

1934年，英国探险家韦塞登上喀喇昆仑山的冰川后说："这是我从未见过的最奇异的冰川，傍晚时分冰塔的娇艳迷人景象，是不能用言语来形容的。"1977年，我国考察队员登上唐古拉山主峰格拉丹东雪山后，这样描述他们见到的冰川："那冰的世界，有的洁净如洗，透明碧澈，光泽闪烁，彩影变幻；有的像罩了一层面纱，如乳似胶，绮丽神秘，景象万千……"

冰川是什么？

在寒冷地区，如极地或高山上，终年不融化的雪凝结成的厚冰，由于自身重量的关系，会缓慢地流动，从而形成冰川（或叫作冰河）。在地球的演化历史中，曾有过多次冰川期。那时地球的温度很低，冰川分布广泛，许多物种因寒冷而灭绝了。距今约1.15万年前，地球最后一次冰川期宣告结束，气温渐渐回升。地球上现在能见到冰川的地方，有我国的喜马拉雅山和祁连山、欧洲的阿尔卑斯山、北极附近的格陵兰岛，以及南极大陆等。

冰川并不是一片呆板的冰雪世界。

冰川会形成河流。春末夏初，冰川的冰开始融化，在大块冰的基础上形成许多大大小小的如叶子脉络般的河流，发出叮当的声响，汇集起来奔腾而下。

冰川会形成湖泊。冰上的湖美极了，偶尔有几只红胸朱雀停在浮动的冰块上梳理胸前的羽毛，那景致很富有诗意。

冰川会形成冰洞。冰洞里从洞顶悬挂下来的冰锥，像一把把倒悬的利剑，洞底则有冰笋冒出来；当冰锥和冰笋连接起来时会形成一根根冰柱，在光的折射和反射作用下，这些冰柱宛如大剧院的雕花柱子一般美丽，闪着瑰丽的光彩。你站在冰洞里，周围似乎全部是由透明水晶构成的，到处闪烁着波光和只有童话世界中才有的飘浮着的金星。

冰川会形成冰塔。那冰塔比冰洞更令人叹为观止。在游龙一般的冰川上，矗立着一座座冰塔，如同能工巧匠雕琢出来的一般，个个冰清玉洁、晶莹夺目。当夕阳西下或明月皎洁时，光线在冰塔上折射出的奇光异彩让人难忘。

公园里举办的冰雪雕塑固然美不胜收，但是与大自然中雄伟壮丽的冰川比起来则是相形见绌。当然，要领略这一自然奇景，需要千里跋涉、艰苦攀登，非一般人所能及也。

冰川上还有冰桥、冰墙、冰丘、冰蘑菇、冰瀑布等，人们还可以根据自己的想象发现更多的以"冰"字开头的景观。

现代冰川与人的生活关系密切，冰川是大河的母亲。冰川融化的水不断地注入河流中，灌溉着河两岸的农田。例如，祁连山现有冰川2684条，冰储量约为845亿立方米，每年冰川融化的水约7.3亿立方米。试想，如果没有这么多的淡水补充，河西走廊的河流沿岸能有如此繁荣的景象吗？

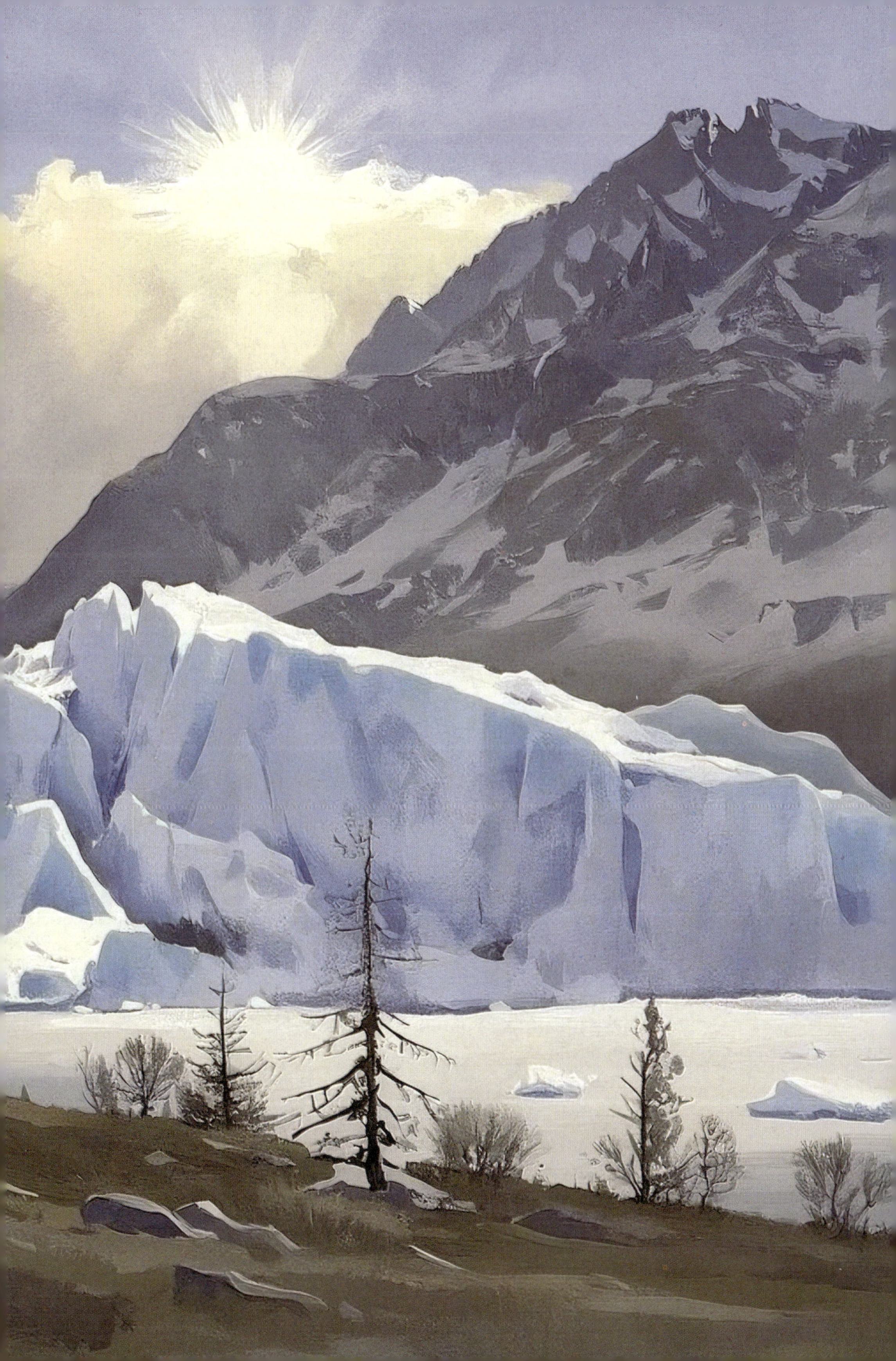

"月亮"掉下来了

1825年,有一个月的农历十五,安徽霍山县有户人家的主人到门外赏月,只见一轮明月挂在中天,但仔细一看,那月亮和平常不一样,似乎有些摇摆不定。正在主人惊讶之时,月亮一下子坠落到西边好几里外的地方,红光从地上连到天上,照得四方亮如白昼,竹林、树木、土块、石块等都看得清清楚楚。主人把家人都叫出来观看,只见那"月亮"落下的地方,红光渐渐暗淡,好像慢慢地向地下沉去……天色突然变黑了,大家吓得不知所措。

"月亮"怎么会掉下来并钻入地下呢?这个摘自古代文献中的故事确实令人费解。

无独有偶,在《古今图书集成》一书中也记载了一个"月亮"落地的故事。据说,清朝京官赵清献住在北京府门巷。6月的一天晚上,他出来乘凉,见满庭月色,亮如白昼,不禁赞叹道:"今夜月光太好了!"谁知话音未落，月光突然暗了下去，不一会儿竟彻底"熄灭"，似乎月亮落入地下一般。他突然想起，这天是农历的月尾，不该有如此明亮的月亮，可刚才那照亮大地的是什么呢？为什么又突然"失踪"了？

上述两则故事，曾被飞碟研究者作为古代飞碟降临地球的证据，但科学家仔细分析后认为，这很可能是两次火流星的记录。

火流星和普通流星相比，主要特点是质量较大。从物理学的角度看，如果运动速度相同的话，质量越大的物体其动能越大。一个半径为0.3厘米、质量为1克的流星体看起来可能只有鸡蛋那么大，但它发出的光比织女星还要亮。一个300克的流星体，可以发出比金星亮数倍甚至几十倍的光。1933年美国出现的一颗火流星，亮度比月亮要强100多倍，由于距离较近，看起来体积要比月亮大30倍，周围700千米内的人都能清清楚楚地看到它。

上述两则故事提到的"月亮"和"月光"，也许就是火流星和它的亮光。当目击者出门的时候，刚好碰到火流星飞过来，亮光照亮大地，于是造成"月亮"落下来的错觉。

至于安徽那人见到的"月亮"摇摆不定的样子，则可以解释为火流星在进入大气层时，由于大气湍流和视角原因，看起来像是在摇摆。火流星落地时通常会发生惊人的爆炸，上述故事中不知为何未曾提及，也许是火流星落地点离他们太远的缘故吧！

　　人们常见的有亮光的天体是太阳和月亮，所以一旦在天空中发现亮光，人们总喜欢把亮光与太阳或月亮联系起来。明嘉靖年间，苏州、吴县等地的人们看到西方天空出现了一个"太阳"且飞也似的下坠，想来，那也是一颗火流星！

奇特的陨石

据科学家们估计，每年落到地球上的陨石不少于1000块，人们发现的只是极少的一部分，但就是这一小部分，也是形形色色、千奇百怪。

如果你发现一块石头有些奇特，不妨鉴定一下它是否为陨石。陨石通常有两个显著特征。一是表面有一层很薄的熔化层，呈黑色或深褐色。这层熔化层是陨石从宇宙空间进入地球大气层时外部被高温烧融，落地后冷却凝固形成的。二是表面有许多像河蚌壳一样的细沟纹和凹坑，形状有点像手指头按在面团上的指印。这些指印形沟纹和凹坑是高热空气流擦过流星表面使其表面烧蚀而形成的。如果具备以上两条，你发现的石头十有八九是陨石了。不过，保险起见，仍需通过专业鉴定确认。

陨石按其组成可分为三类。

一是石陨石，其数量最多，约占所有陨石的93%。石陨石的主要成分是岩石，如橄榄石、辉石、长石等，也会有少量的金属如铁、镍等。

二是铁陨石，约占陨石总量的5.5%，其主要成分是铁，其次是镍，也含有少量的硫、石墨等。

三是石铁陨石，其主要成分是岩石和铁。这类陨石数量最少，约占陨石总量的1.5%。

目前世界上最大的石陨石是1976年3月28日吉林陨石雨掉下来的被称为"吉林1号"的陨石，它重达1770千克。

据报道，那天下午，天空中先是出现一个大火球，大火球很快变成两大一小的三个火球，相随向西飞行；接着，火球发出霹雳巨响，爆炸成许多小块纷纷下坠，散落在总面积约500平方千米的地面上。这次陨石雨收集的陨石有100多块。

另外，也有"臭陨石"和"软陨石"之说。公元314年2月，有一个"龙形且蛇行"的流星，坠落在山西平阳府北十里处。当人们赶去看时，却被这个"臭家伙"散发的臭气熏得喘不过气来，纷纷避之。据说，当时整个平阳府都充满了臭气。这陨石之臭，据分析可能是含硫较多的缘故，流星燃烧时硫被氧化，气味由此而来。1481年

8月，有流星落入山东莒县一马姓人的家中，着地时还有光，看上去稀烂如泥。马家人用棍子捅了一下，竟扎开一个洞，棍子也燃烧起来，过了好久流星才慢慢硬化。

我国的雷州半岛和海南岛有不少名叫"雷公墨"的小而透明的玻璃状物质，有的像耳环，有的像小珠子，形状各异。它们是陨石撞击地球表面时，高温高压将地表物质熔融并迅速冷却形成的陨石玻璃。因此，严格来说，"雷公墨"并不是陨石本身，而是陨石撞击产生的副产品。

陨石中还有可能隐藏着宝贵的金刚石。有一个俄罗斯故事说，1887年9月伏尔加河河岸上落下一块石头，从彼得堡来的地质学家对它进行了研究，结果在陨石碎块中找到了一块大金刚石，首饰匠将这块"天外之宝"加工成钻石后镶嵌在金戒指上，成为敬献沙皇的珍品。这个故事听起来太富有戏剧性，可信度值得怀疑。从关于陨石研究的文献看，陨石中确实曾多次被发现有钻石的母体——金刚石，但都很微小，不用仪器是难以看到的。

石陨石、石铁陨石和铁陨石

奇特的陨石

会"鸣叫"的沙丘

在我国甘肃敦煌城南6千米处,有一座鸣沙山。当你登上山顶,沿着一个沙丘滑下来的时候,会听到一阵呻吟声或是一阵咚咚声,让人感到分外有趣。据说在天气晴朗时,还可以听到沙山发出丝竹管弦之音,犹如乐队奏乐一般。

这处名胜叫作"沙岭晴鸣",乃敦煌一景。至于为什么会发生"沙鸣",民间也有传说。据说有一位大将军率兵出征,兵马曾在此宿营。哪知这一夜来了沙暴,狂风骤起,黄沙蔽天,结果全军均被沙暴掩埋了。将军和士兵们出师未战身先死,自然心中愤懑不平,于是经常从沙山中发出各种声音来。民间传说虽有趣,但沙鸣现象实际上是一种自然现象。

发声的沙,不仅敦煌有,世界上多个地方都有,如红海岸的哲布尔山、喀布尔附近的列拉万山、智利的科比安诺山等。沙发出的声音各有不同，有的像狗吠声，有的像琴弦声，有的像隐约的马达声，等等。

在沙地上行走时，有时也会听到奇怪的声响。关于这一点，美国著名作家杰克·伦敦在一部书中写道：

"……在沙地上每走一步，都会引起一连串极不悦耳的响声。向导告诉我，这是神在发笑，要我当心点。他在沙地上用一个手指画了一个圆圈，沙就发出悲戚刺耳的尖叫声。然后，他跪下来，沙就发出了号角声……"

关于沙粒发声的原理，人们提出了许多猜想。有人认为，沙粒移动时沙粒之间的空气在空隙中流动而发声；也有人认为，沙粒摩擦带电，放电时发出了声音；还有人认为，上层干燥的沙粒和下层湿润的沙相互作用而发声。关于这个课题的研究还在进行中。我国科学家也提出了自己的理论，并指出可以人工制造发声的沙丘。总之，尽管有些现象还没有得到合理的解释，但可以肯定的是这是一种正常的自然现象。

研究也是要付出代价的。有一次俄罗斯的地质学家鲁西诺夫在伊犁河上游选了一座沙丘，准备测量沙粒发声时地球和空气之间的电位差。然而，他们来到该地后，发现沙丘那天一直"沉默不语"，什么时候它才能发声呢？鲁西诺夫决定人工制造沙丘崩塌现象，然后进行测量。

然而，就在炸药爆炸后，大量沙粒向山下倾泻的一瞬间，沙丘发出了怒吼，这种怒吼声让在场的实验人员感到十分难受，腹腔像有人搅拌了一下那样疼痛难忍。这是怎么回事呢？后来查明，沙粒下滑时除了发出人耳可以接收的声波，还能产生一种低频波（或称次声波）。正是这种听不见的次声波，给了实验人员一个"下马威"。在沙粒正常滑落时次声波是微弱的，但在沙粒大量滑落时就不可小看次声波了！

古怪的河流

据说，在伊拉克的领土上，原本有一条名叫基阿拉的河流，古代波斯国王居鲁士二世有一次骑马过河，结果河水把马淹死了，国王自己也差一点送了命。国王大怒之余，下令"处死"这条河，把这条河弄干。结果呢？基阿拉河终于不见了。

国王把河流看成有性格、有感情的东西来"惩罚"。自然界的河流本是无生命的。然而，从一些河流的行为来看，河流似乎确有古怪的"脾气"或"性格"。

俄罗斯有条河叫"醉河"，这名字就很拟人化。它从发源地流出后，弯弯曲曲地"跑"了400多千米，结果呢，"跑"了一个大圈子，最后又回到离发源地不到30千米的地方，才汇入另一条河——苏腊河。这种行为难道不像一个"醉鬼"在行走吗？

青海省内有一条"倒淌河"。当大多数河流都自西向东流的时候，它却反其道而行之，从东往西流，形成独特的景观。

河流能"躲藏"起来吗？能。从吉尔吉斯山脉流出的卡拉巴尔德河，在山谷中流了一段后，水量突然减少了三分之一。"失踪"的水跑到哪儿去了？科学工作者勘探了好久才发现，有一段河床是由砂岩组成的，河水从这里渗透到地下岩层里去了。

南乌拉尔有一条叫西姆的小河，流到一处风景秀丽之地，突然从一块大岩石下面"失踪"了。人们可以听到地下有"哗哗"的流水声，但"只闻其声，不见其面"，而在远处的另一块悬岩中，却有一股水流从泉眼中喷射而出。喷射是很有规律的，三分钟强一些，三分钟弱一些。也许这就是西姆河重新露面的出口吧！

> 著名的伏尔加河有一条位于地下的"暗河"相伴，这条"暗河"和伏尔加河平行，水量相当丰富。

南斯拉夫有一条河，在窄窄的峡谷中流了一阵后，也消失到一些山洞里去了。科学工作者为了查明真相，在水里放上染色剂，结果，在下游的许多泉水中发现了带颜色的水。看来，这条河已经"化整为零"了！

人们对上述有"性格"的河流只是感到有趣而已，而对于能"发疯"的河，则是闻之色变。

平常的河流，总有固定的河道，水量可能有多有少，但总不"越轨"乱流。"疯河"则不然，它的河道动不动就会改变，让人在猝不及防时就遭受了灭顶之灾。这能不可怕吗？中国的黄河曾是世界著名的"疯河"之一，它在历史上曾多次改道和泛滥，淹没城镇和乡村，造成"黄祸"；中华人民共和国成立后，其"疯病"才被根治。

中亚地区有一条阿姆河，因自然和人为因素历史上也曾多次改道，冲决堤坝，卷走房屋和人畜。这时人们会大叫："杰侬基什！杰侬基什！"这是阿拉伯语"发疯、发狂"的意思。

漂浮的岛屿

你听说过漂浮的岛屿吗?

南斯拉夫有一条大河叫伏拉西那河,河上建了一座高大的拦河坝,其上游出现了一个岛屿,岛上有茂密的草地和灌木丛。这岛屿似乎不是固定的,而是一会儿漂到这儿,一会儿又漂到那儿;当它漂到岸边时,人们还可以到岛上去游牧或割草。

人们通过仔细观察发现,这岛屿实际上是一块挺大的林木丛生的沼泽地,当沼泽地被水淹没后,这些林木草丛连同底下的土层一起浮了起来,就变成漂浮的岛屿了。

热带的植物生长茂盛,所以热带的河流上常常可以看到漂流的岛屿。在尼罗河和苏伊士运河上,当暴雨来临时,一部分河岸被洪水冲走形成了"岛屿"。有的岛屿有150米长,岛上长着茂密的草和灌木。

这些"岛屿"的形成,主要靠紧密串生在一起的树木、灌木和草的根。这些根紧密地压在一起，根系附近有松软的泥炭土，所以在水中会受到一定的浮力作用并能维持很长时间不会解体。对于航行来说，这些"岛屿"是危险的，它们有时会阻断航路，甚至会堵在航路上，或者将航路上的桥撞断，也有可能撞到堤坝上或其他地方，造成危害。总之，这种岛屿是不受欢迎的"不速之客"，有时航务部门不得不动用快艇用钢索将它们"捆"起来，系到一个比较安全的地方。可是麻烦的是，这些家伙不太容易拴住。拴得松了不起作用，拴得紧了可能使它一分为二又继续漂流。

> 漂流岛不仅在热带有，有人在北极海洋中也发现过。

1707年，英国船长朱利叶斯在斯匹次卑尔根群岛以北的海洋中发现了一块陆地。他虽然未能接近它，却将它标在海图上。190多年后，乘坐破冰船进行极地考察的海军上将马卡洛夫再次发现了它。他在日记中写道："当我们在朱利叶斯曾经发现陆地的地方再次看到这块陆地时，我们的心情是何等兴奋啊。然而，我们不能证明它的存在，因为我们没有办法航行到那岛上去，我们只能远远地望着它。那显然不是一块云，云是不可能连续几天待在一个地方的，它只可能是北冰洋上的岛屿……"

令人奇怪的是，就在人们倾向于承认那里有一座岛屿时，1928年破冰船"克拉辛"号发现，那"岛屿"失踪了，他们没有发现任何关于陆地和岛屿的信息。

显然，相隔若干年的两次发现不可能都是错觉，那"岛屿"应该是存在的，只不过后来"漂走"了而已。真的"漂走"了吗？为什么会"漂走"？极地的漂浮岛和热带的漂浮岛有哪些区别？对于这些问题，科学家们至今尚未给出准确的解答。

千奇百怪的湖

俄罗斯的科拉半岛附近，一个名叫基尔金的岛上有一个湖。湖水不是很深，约70米，却分成4层：最上层是淡水，生活着淡水生物；往下的水稍微有点咸，生活着一些既可适应咸水又可适应淡水的生物；第三层是更咸的水，生活着海藻和其他海洋生物；最底下的一层富含硫化氢，细菌类低等生物生活在这里。

我们听说过湖有两大类：咸水湖和淡水湖，但很少听说过这种分层的湖。这里有什么奥妙吗？

科学工作者考察显示，这湖离海很近，有一个不大的沙质堤坝将其和海隔开。涨潮时，海水会透过堤坝渗透到湖里来。海水的比重较大，就沉到了下层。雨水和雪水也会流进湖里，它们的比重小，就浮在上层。这样，就形成了淡水、咸水分层的状态。湖的底部是死亡了的动植物遗骸，它们腐烂后会产生大量硫化氢，构成最底部的富含硫化氢的水。这种自然奇观实属罕见。

古怪的湖还有不少。俄罗斯有一个名叫斯特拉卡的湖。"斯特拉卡"在俄语中是"甜"的意思,就是说,这湖的水有一点甜味。研究表明,这甜味来自湖中溶解的小苏打(碳酸氢钠)。至于为什么湖水中有小苏打,这是由地质结构造成的,因为该湖靠近富含小苏打的岩层。

阿尔泰山有一个"红湖",水呈红色,通过仔细研究发现,那红色并不是湖水的颜色,而是因为湖里有很多深红色的虾的缘故。

湖水的颜色有时也会"骗人"。

在高加索有一个位于群山之中的戈克恰湖，湖水看上去有三种颜色：湖岸附近是淡黄色，稍远一点是蔚蓝色，湖中央是深蓝色。

南美洲有个很大的高山湖泊——的的喀喀湖，位于海拔3812米的高原上。太阳升起时，湖面呈现令人目眩的淡绿和淡紫的色带；太阳升高后，湖面则呈现蔚蓝和深绿交互的颜色。

阿塞拜疆有一个"沥青湖"，湖里不是水，而是黏糊糊的沥青。它的形成原因可能是附近有火山口，石油从地下渗出来，经过长期氧化和沉积，和火山灰混在一起而形成黏稠状的物质。但对这一点，科学家还没有统一的看法。这个湖表面看上去光彩闪烁，但飞鸟落上去往往就"不可自拔"；有些较硬的地方人可以在上面走，但也很危险，常有野兽陷在里面毙命。值得注意的是，湖里的"沥青"是流动的。有人看到湖面上出现一截树干，过几天树干移动到了远处，再过几天竟消失了。

阿尔及利亚有一个湖，其水可以用作墨水且质量不错。你相信吗？其实道理很简单，有两条小河流进这个湖，一条河的河水中含有腐殖质，另一条河的河水中含有铁盐，它们在湖中化合形成了和墨水相似的物质。

会跑的湖

1934年,一位名叫斯温·赫定的瑞典人,来到中国新疆的塔克拉玛干沙漠。当见到罗布泊那一泓清水时,他竟兴奋地大喊起来:"呵,罗布泊,你终于跑回来了!"

这是怎么回事?罗布泊这个有名的湖泊,难道真的会"跑"来"跑"去吗?听起来似乎不可思议,但的确是事实。

1876年,俄罗斯地理学家普尔热瓦尔斯基来到中国西部考察,他沿着塔里木河来到罗布泊,仔细测量了这个湖的大小和位置。当他把测量结果同中国的地图进行比较时,他发现湖泊的实际位置向南偏移了1纬度。这样大的偏差不可能是测量的误差。这是怎么回事呢?

对此,有两种不同的看法。一是普尔热瓦尔斯基的看法,他认为是中国的地图画错了;二是德国地理学家李希霍芬的看法,他认为中国的地图没有错,当时罗布泊就是在那个位置上,后来罗布泊"自己"移动了位置。这个德国人曾多次考察过中国和东南亚，他认为沙漠中的湖泊有一个共同的特点，就像有生命一样，会自己"跑"掉。

这一说法很新奇，立刻引起了世人的关注，罗布泊也从此被人称为"游移的湖"。

但是，按照李希霍芬的看法，既然是"跑"来"跑"去，那么，总有一天，这湖还会"跑"回到以前的位置。按照历史记载，罗布泊畔曾有一座名叫楼兰的古代城市，后来这座城市衰落了、灭亡了，但遗址应该还在。罗布泊有一天会回到这座古代城市的遗址边上吗？为了证实这一问题，李希霍芬的学生斯温·赫定来到中国，他的第一个任务是寻找楼兰的遗址，第二个任务是等待罗布泊的"归来"。

1900年至1901年，赫定完成了第一个任务，在离罗布泊很远的北边发现了楼兰遗址，并且找到了不少证明这座城市附近有湖泊的证据。但是，第二个任务的完成却遥遥无期，他无法确定罗布泊的动向。

赫定考察后认为，塔里木河是罗布泊的水源，由于沙漠风力的缘故，沙丘会移动，原有的河道被堵塞，而无河道的地方可能会被"刮"出一条新河道来。河流的改道导致了湖泊的"游移"。历史上，大约每隔几百年河道就会

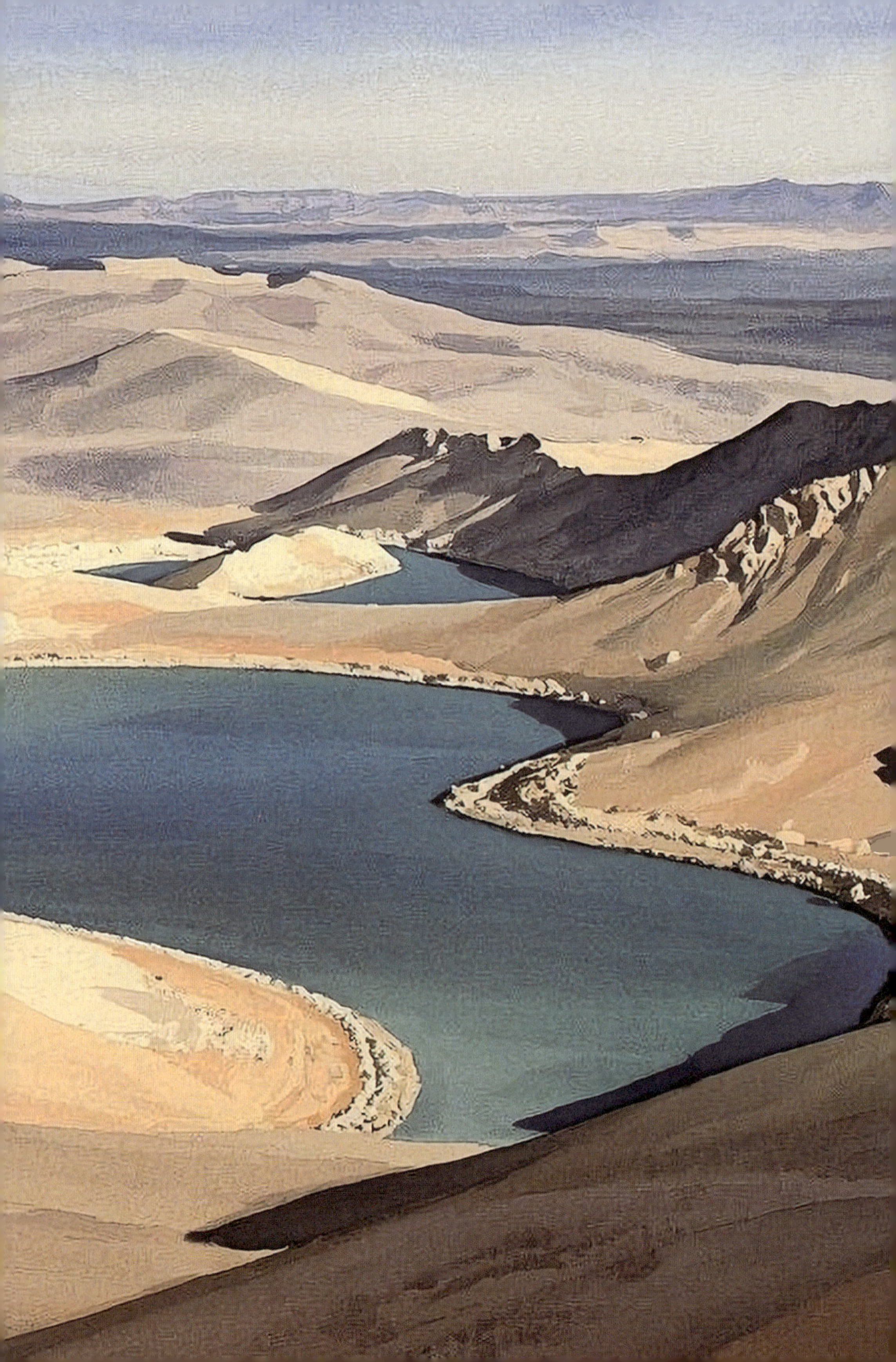

向南或向北迁移一次。现在罗布泊在南边，无疑有一天它要回到北边——楼兰遗址附近。

赫定耐心等待了30多年，终于亲眼看到了罗布泊的"回归"。你想，他的心情怎能不兴奋呢？他将多年对罗布泊的考察结果写成一本书，书名就叫《游移的湖》。

提起沙漠，人们会不由得想起一行骆驼在沙漠中悠然前行留下一串脚印的情景，这很令人神往。其实，沙漠中的奇事还有很多，会"游移"的湖也算一个吧！罗布泊的迁移有着十分复杂的中间环节，有待专家们的深入研究。

然而，在20世纪中后期，由于塔里木河流量减少、过度用水和气候变化，罗布泊的水位迅速下降，最终在20世纪70年代末完全干涸。这片曾经的"游移的湖"，如今已成为一片荒凉的盐碱地，静静地诉说着自然与人类活动的复杂关系。

5万人失踪之谜

公元前525年,波斯王国国王卡姆比斯调集了5万人远征埃及,他们的行军路线要经过利比亚沙漠。经过7天的行军,这5万人到达了一个名叫哈尔格的绿洲,之后进入了沙漠,再以后却莫名其妙地消失了,既没有任何发生战斗或转移的消息,也没有找到一个死者的尸首。

我国科学家彭加木到著名的"死亡之海"——罗布泊考察。有一次断水了,他留下了一张纸条说要去找水,之后就莫名其妙地消失了。后来,还有几位沙漠考察者也遭到了同样的命运。

曾经有人怀疑这种奇怪的失踪是外星人所为,他们为了研究地球人需要一些"标本",为了不惊动别人,往往选择在沙漠、荒原等人烟稀少的地方"下手"。但是,多数科学家倾向于认为其始作俑者是沙暴。

沙漠中的沙暴,一般是路过的狂风引起的。在炎热季节，炽热的沙烘烤着地表附近的空气，结果热空气上升，冷空气流动，形成区域性飓风，这种飓风也会引起沙暴。不管是哪种风，一旦刮起了沙粒就会形成"飞沙走石"的沙暴，任何人处在这种环境中都难逃厄运。俄国旅行家曾这样描述他所见过的沙暴场面："沙暴发生之前一小时或半小时，明亮的太阳突然变得昏暗，似乎蒙上了一层密幕。地平线上出现一小片深暗色的云，这朵'不祥之云'很快扩大，遮住了蔚蓝色的天空。

"当热浪和灼热的沙粒扑过来的时候，灾难便降临了，地平线完全被淡红色的沙雾淹没，呼吸感到十分困难，心脏跳动加剧，头剧烈疼痛，口和咽喉极其干渴。我感到再过一小时，就将不可避免地被沙暴窒息而死……"

从这位旅行家的叙述中可以看出，除了被风沙"活埋"或"打死"，沙暴环境中的"呼吸困难"也是一个重要的杀伤因素。北非人称沙暴为"有毒的风"，其实，并不是风含有有毒物质，而是这种恶劣环境使人无法生存。

上述5万人失踪如果是沙暴所为，怕是"杀伤"人数最多的一次了。另外，1805年的北非沙暴，埋葬了2000人和1800只骆驼，也算是较为严重的一次。

进入沙漠后要时刻提防沙暴，尽快离开沙漠当然是最好不过的了，然而，真的碰见沙暴应该怎么办呢？

匈牙利旅行家说的一段话，也许有参考价值。他说："骆驼比我们有经验得多，它们已感觉到干热风的临近而拼命吼叫着。它们跪在地上，竭力把头埋在沙里，这也许是避免死亡的方法……"从许多商队包括骆驼队的失踪看来，这方法的可靠性也很值得怀疑。沙暴的强烈程度不一样，如果遇上了致命的强沙暴，恐怕只有一个结果——死亡。

奇妙的雪花

　　谈到雪花，你也许会想到许多咏雪的诗句。例如，唐代岑参的"忽如一夜春风来，千树万树梨花开"，宋代陆游的"山前千顷谁种玉？座上六时天散花"等都是千古佳句。科学工作者在咏叹之余，还要研究一下雪花的结构。嗨！绝了！有人拍下了5000张雪花结晶的显微照片，发现没有一张是相同的。雪花的基本形状是六角形，却形态各异、千变万化，使人不得不对自然界产生敬仰之情。

　　南国的雪柔软、湿润，而北国的雪刚烈、锋利，风格完全不同。从科学上看，这是有道理的，不同的气候环境影响着雪花的性质。在北极和南极的极端低温条件下，积雪可能会变得异常坚硬，甚至推土机的铁铲对它们都奈何不得。

　　南极考察队员曾听到过"雪声"。有一次，一位报务员跑进考察队驻地说他听到雪地里有人在呼救。谁在呼救呢？本队的人都在这儿，离此400千米外，才有另一个考察站。队长想不出这是谁在呼救，于是和报务员一起走出去。他走了几步，也隐隐约约地听到低沉的呼救声。他停了下来，声音也停止了；他再走，声音又响起。后来他弄明白了，这是人走在雪地上产生的声音的一种变调，不过，为什么它会变成类似"呼救"的声音，这道理他就不大明白了。

雪花洁白、晶莹，这也是诗人们诗兴大发的原因。可如果雪花是绿色的或是黑色的，还能引起人的诗兴吗？挪威的斯匹次卑尔根群岛，落过一场"绿雪"。当地人对此惊恐万分，将其当作不祥之兆。实际上，那是风暴将绿色藻类刮到天空，与雪花黏在一起形成的。1980年，蒙古国肯特省有两个县落了"红雪"，经化验，每升雪水含矿物质约148毫克，有锰、钛、锶、钡等元素，原因呢，怕也与地面或矿山有关吧！

除了颜色的变化，雪花的形状有时也会发生变化。例如，在特殊情况下雪花和雪花会黏结在一起。1915年1月10日，德国柏林降下的雪花直径达8~10厘米，其边缘向上翘起，像一只只白色碟子。1881年冬天，美国西

奇妙的雪花

部的蒙大拿州降了一种奇特的雪，雪花直径达38厘米，和当地人煮奶的锅子差不多大。为什么会形成这么大的雪花呢？有人分析，雪花在下降时如果降得太快，它会吸附一些周围的小雪花，吸附后重量变大，降落得会更快，又会吸附更多的雪花……这就像"滚雪球"一样。不过，大雪花的形成是否就是这个道理，也还有待验证。

雪水对生命是有益的，这已为一些试验所证实。在完全相同的条件下，有人用雪水喂鸡3个月，这组鸡平均每只下蛋38个，每个蛋重52.3克；而用普通水喂的鸡每只平均下蛋只有19个，每个蛋重49克。

李时珍在《本草纲目》上说："腊雪乃大寒之水，甘冷无毒，解一切毒，治天行时气瘟疫、小儿热狂啼、大人丹石发动、酒后暴热……"他对雪水的评价也是相当高的。

红色的雪

1966年2月4日清晨,住在日本新潟县境内的居民打开门时,看到了一件奇怪的事:地上、屋顶和树上积了一层层厚厚的雪,但雪的颜色怪极了,不是通常的白色,而是呈棕红色,让人看了有些害怕。大家惊诧之余用铁锹把"红雪"拨开,发现这"红雪"有几厘米厚,下面的雪却是白色的。

"这是怎么回事?不会带来什么灾难吧?"人们不安地议论着。不久有消息说,这日,北至北海道,南至鹿儿岛的日本许多地区都降了"红雪"。

气象厅的官员将"红雪"装在脸盆里,放到火炉上融化,在脸盆底部发现了一些灰土颗粒,呈棕灰色,很细,大小大约只有0.01毫米。简单计算一下,1平方米的面积上大约降了16克这样的灰土。

经过气象厅的调查,这场"红雪"降临之前的2月1

日，西伯利亚的贝加尔湖附近有两个低气压区，它们发展成南下的冷空气，冷空气经过中国大陆后向东移动，越过日本海，和日本上空的雪云会合，造成了这次降雪。"红雪"的形成，十有八九与中国大陆有关，而且专家们分析，这些极细的灰土和中国黄土高坡上的土粒很相似，也就是说，来自西伯利亚的冷空气将中国的黄土带到了日本，将白雪染成了棕红色。

当然，黄土高原并非中国所独有，在欧洲中部和北美等地也有类似的黄土沉积。从地质学的角度来看，黄土高原是在30万年至1万年前形成的，它们是冰河时期的产物，其分布限于古冰河的周围。我国黄土高原的黄土厚度一般为50～80米，最厚处可达150～180米。

黄土高原很容易受水侵蚀，形成千沟万壑的独特地貌。如果下雨容易形成泥泞；如果刮风，黄土又比较干燥的话，就会形成灰蒙蒙的尘土。风力比较强劲的话，这些尘粒可能升到几千米的高空，随风飘到很远的地方。黄河的水发黄，主要是因为途经黄土高原，河水中夹杂着大量细微黄土的缘故。日本气象厅关于"红雪"来历的猜测是有一定道理的。

不仅如此，日本学者进一步研究发现，中国的黄土对日本的影响不仅仅是下几场"红雨"或"红雪"，很可能

还有更大的影响。从北九州到山口县，就是日本本州中央山脉以北地区，有连绵不断的海岸沙丘。在沙丘的下面埋着一层很厚的略微变硬的古沙丘。分析表明，这些古沙丘的成分也和中国的黄土很接近。长期以来，人们对这些古沙丘的来历一直争论不休，"红雪"的出现使人们茅塞顿开：中国黄土落到日本绝不是一年两年的事。古沙丘会不会是多年吹来的中国黄土堆积而成的呢？进而言之，日本的土壤中会不会有相当一部分是中国的黄土呢？这还有待今后仔细研究。

冰雹里有个乌龟

　　冰雹是一种自然灾害，也是一种常见的强对流天气现象。这里讲的是关于冰雹的一些奇闻。

　　一般来说，冰雹降落的面积有限，雹块重量不大，危害也只涉及局部地区。但个别情况也可能影响范围很大，雹块重量惊人。1788年7月13日，一场冰雹席卷了大半个法国。据统计，降下的冰块总重量有数百万吨，最大的雹块有拳头大小。冰雹袭来，树木被打断，飞鸟被打落，牲畜被打伤或打死，堪称一场浩劫。1970年9月3日，美国堪萨斯州落下的冰雹，最大的雹块重1斤6两，大如饭碗。1965年3月，印度的比哈尔邦下的冰雹雹块，最大的有2斤重，据说一头小牛当场被雹块击中致死。1960年5月3日，我国湖南古丈县降下的冰雹中，最重的雹块达7斤之重，这最重的雹块可能要"名列世界前茅"了！

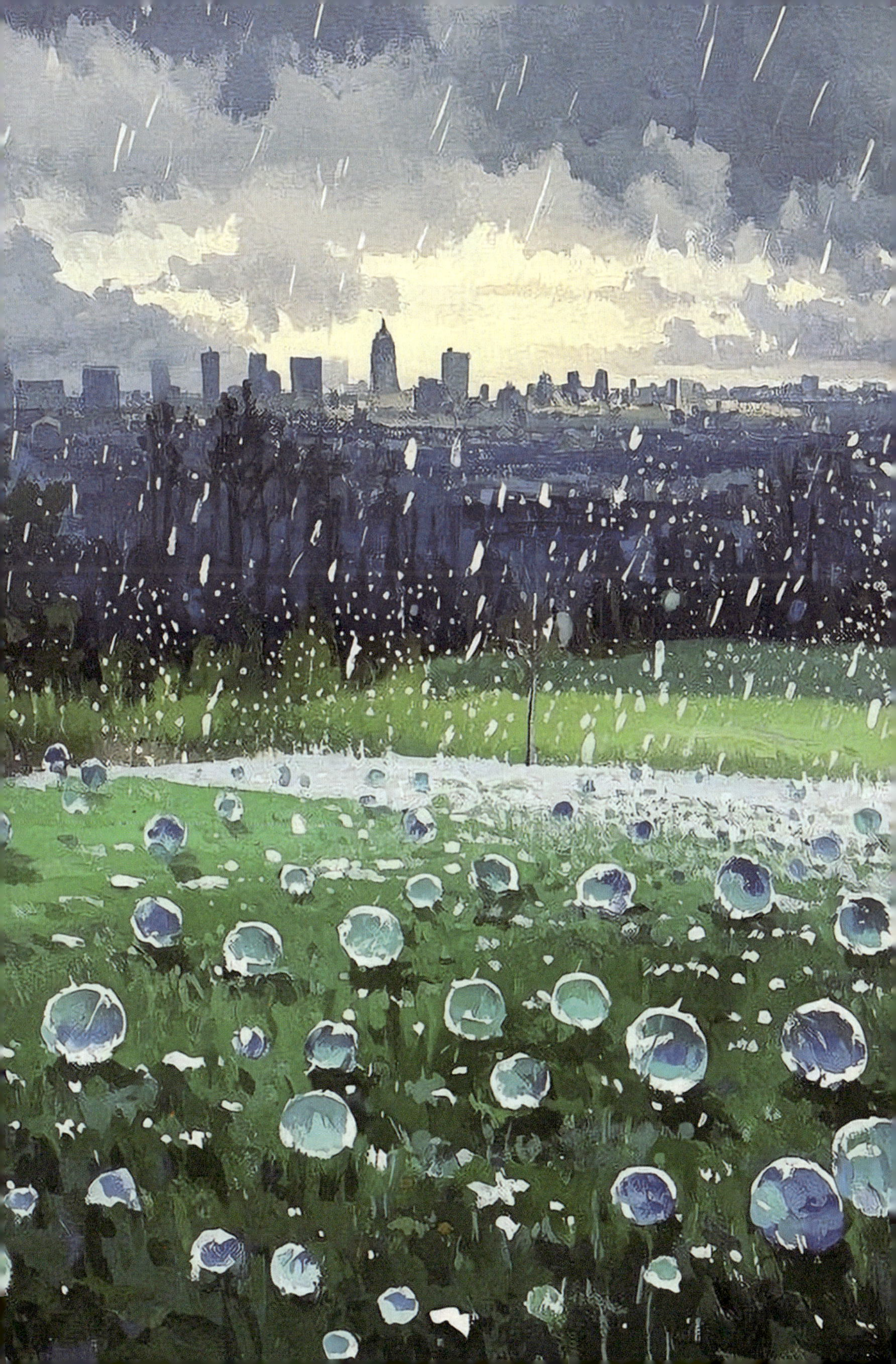

这么重的一块冰坨子从天而降，无论对房屋、牲畜或人，都将造成灾难性的破坏。

最奇特的要算"龟雹"和"石膏雹"了。1894年5月11日，美国维克斯堡下起了冰雹，人们捡起雹块看时，发现大部分雹块的中间都有一块长宽皆1~2厘米的石膏块。离此城8英里（1英里=1609.34米）的博之纳，降落下一个大雹块，直径有15~20厘米，人们发现其颜色有点怪异，剥开冰层看时，发现里面竟然包着一只乌龟！

要解开上述奇雹之谜，得从冰雹的成因说起。冰雹，是指坚硬的球状、锥状或形状不规则的固态降水。大冰雹总是从对流云层中最强盛的积雨云中降生。所谓"积雨云"，就是一种上下跨度很大、云层内部的温度变化也很大的云。在这种云中，下层温度高，由水滴组成；上层温度低，由冰晶和雪花组成。在形成冰雹的积雨云前部，通常有一股强烈的上升气流，将水滴送到上层结成冰，然后降下来又黏附水滴，再升上去变成冰；如此上下翻腾，冰块便越来越大，最后上升气流托不住冰块时，冰块便倾泻而下形成冰雹。

如果有强上升气流把石膏或乌龟等卷到了积雨云中，水汽在其上冻结，往复多次，冰层便越来越厚，就会降下"石膏雹"或"乌龟雹"来。由此可见，冰雹的花样翻新，要看进入积雨云的是什么物体了。

冰雹的分布很不均匀。一般来说，山地容易出现冰雹。这是因为山地的地势不平，地貌比较复杂，容易造成云层的温度差异，形成对流旺盛的积雨云。平原较少出现，海洋就更少了。沙漠呢，连降雨都少见，更不用说冰雹了。

我国是个冰雹灾害频繁发生的国家，据统计资料显示，我国每年因冰雹造成的经济损失达几亿元甚至十几亿元。由此可见，冰雹的危害还是相当严重的。

诱人的"湖泊"

天气闷热，在沙漠中一队人迎着骄阳，拖着疲惫不堪的身体艰难地向前行进。他们口渴得要命，心想：要是有条大河或湖泊该有多好啊。有趣的是想什么就有什么。他们发现，"湖泊"真的来了！

苏联作家绥拉菲莫维奇在《草原上的城市》一书中记载了一段他自己的真实见闻。他写道："我们走着走着，忽然兴奋极了，前面有一条窄窄的小河缓缓流过，波光粼粼，它似乎和脚下的大地分开了。小河边还有青色的柳树、风车和房顶，看得真切但又不十分清楚，令人难以捉摸地摇曳着。我们急忙跑过去，但那小河、柳树、风车和房顶之类，从地面缓缓升起来，梦幻似地停留在空中，接着便悄然消散了，周围只有骄阳下的沙漠，刚才的一切没有留下一点痕迹……"

这种现象就是"海市蜃楼"。尽管能亲眼见到海市蜃楼的人不多，但没有人怀疑它的存在。科学家们一致的看法是，光线在大气中的折射和反射是产生海市蜃楼的原因。

如果大气处处都是均匀的，这一切就不可能发生。然而，地面的烘烤以及其他原因，使空气密度很不均匀，光线在不均匀的介质中传播时路线就会发生改变，从而使人看到了幻影。

举一个简单的例子，你站在湖边可以看到岸上有一棵树，水里也有一棵树。当然，水里的那棵树是不存在的，它不过是岸上那棵树的倒影而已。当你在沙漠中看到了城市、风车之类，那些东西在你面前也是不存在的，它们在另外的地方，可能离你非常远，光线的折射和反射再现了它们的影像。

> 那么湖泊呢？也是远处湖泊的影子吗？

这倒未必。距地面最近的被烤热的空气，本身就起到一种"空气镜子"的作用，它映出的是蓝色的天空。热空气层的密度较低，光线在通过时会弯曲，形成类似镜面的效果。这面"镜子"不断颤动，使它映出的蓝色天空也变得"微波荡漾"起来，看上去很像一个宽阔的湖泊。

诱人的"湖泊"

密度不同的空气，可起到镜子的作用，在某些场合会使人产生奇妙的幻觉。有一位到阿尔及利亚旅游的人讲述了这样一个故事：

"我在一块石头上坐下来休息，突然看到下边离我约50米远的地方，也有一个人坐在石头上。我站起来，他也站起来；我朝着他走过去，他也朝着我走过来。当他走近我的时候，我万分惊异，他竟同我一模一样！我吓坏了，连忙把手伸过去，我的这个化身也同样把手伸了过来。当我下决心再走近些的时候，这个幽灵却一下子不见了。"

从露珠谈表面张力

清晨，晶莹的露珠儿在绿叶上闪烁，就像无数珍珠撒在田野里。但是，你想过没有，露珠为什么是球形的呢？

水滴总有一个表面，表面的水分子受到内部分子的吸引，产生向内的聚力，也就是说，在表面形成"表面张力"。这种力能使水滴变形，直到它的表面积最小为止。当体积相同时，各种形状的水滴以球形的表面积最小，所以小水滴就变成晶莹的小水珠了。

说起表面张力，它的表现可多了！玻璃片上的小滴水银、美丽的肥皂泡、云里的雾滴、水珠等，都成球形或类似球形；涂油的钢针可以浮在水面上；屋檐上的水滴要到相当大以后才会"恋恋不舍"地落下来，这一切都是表面张力在作怪。再如，雨伞和帐篷上有许多小孔，为什么都不漏雨呢？这是因为表面张力使雨水在伞面和帐篷上形成了薄膜盖住了小孔,薄膜的表面张力足以把水滴托住而漏不下去。

拿一根细管插在水里,表面张力会沿着管壁把水提上去;表面张力越大,细管越细,水就被提得越高。这叫作"毛细现象"。毛细现象对植物生存具有决定性意义,植物需要的养分就是靠茎里的小细管输送的。在土壤里,毛细管能把深处的水引到地面上来。锄地能保墒,就是因为切断了土壤的毛细管,防止了水分的逃逸。

表面张力在工业上也大有作为,其中最重要的一个应用是"浮游选矿"。把矿石磨细以后放在一种液体中,这种液体能浸润矿石中的岩石但不能浸润有用的矿砂,然后打入气泡;当矿砂和小气泡靠近时,它们之间的液体薄层因表面张力的缘故而减少表面积,这样就使矿砂附在了气泡上,小气泡带着矿砂浮上来,无用的岩石留在水底,这样就达到了选矿的目的。

在水面撒一层粉末,然后滴进一滴肥皂水,你会看到粉末被肥皂水"赶跑"了。这是什么原因呢?原来液体里有杂质时,表面张力会显著降低,肥皂水中的表面活性剂降低了粉末所在处的表面张力,其他地方的表面张力就会把粉末拉走。表面张力的大小还与液体种类有关。熔化金属的表面张力最大,挥发性液体的表面张力较小,液体氢

或液体氦的表面张力简直微不足道。还有，随着温度升高，表面张力会减弱。例如，把水由0℃升高到50℃时，其表面张力会减少约10%。表面张力的减少意味着内聚力的减弱，所以分子从液体表面逃逸就比较容易。可见，表面张力还与蒸发有密切关系呢！

细菌制造矿石

俄罗斯有个名叫塞卢诺耶的湖,以盛产硫黄而著名。据说18世纪的彼得大帝时代曾用这个湖里的硫黄来制造火药。硫黄在哪里呢?在湖底。人潜入湖底,就可以看到一层沉积的硫黄,而且把硫黄采走后,过几年硫黄又有了,这片湖简直是个资源丰富的硫黄"聚宝盆"。

这是怎么回事?湖里的硫黄是从哪里来的呢?一位名叫伊凡诺夫的科学家对湖水进行研究后,揭开了其中的秘密。湖水是从附近的塞卢基尤弗斯矿泉流出来的,这个矿泉的水富含硫化氢。硫化氢是如何变成硫黄的呢?伊凡诺夫得出的结论有些出人意料:起作用的是一种长度只有1微米的微生物——硫化细菌!

提到细菌,人们往往想到它能让人生病,甚至置人于死地,对其印象极其不佳。殊不知细菌也是人类的朋友,就看它是哪一类细菌了。湖里的硫化细菌通过代谢作用将硫化氢氧化为硫单质，硫单质随后沉积在湖底。对于这些硫化细菌来说，硫化氢是它生存所必需的，它要不断地"吃"硫化氢，以得到生存所需要的能量，而对于人类来说，却不费劲地得到了一种矿物——硫黄。

伊凡诺夫指出，塞卢诺耶湖的硫化细菌和红硫细菌共同合作，每天可使湖中2.5%的硫化物转变为硫黄，大约有120千克。细菌在硫循环中扮演重要角色，部分硫黄矿床的形成与细菌活动有关。最具代表性的硫黄产地是美国的路易斯安那州和得克萨斯州的地下硫矿，那里在古代都是湖底。

在日本秋田县有一个小坂矿山。小坂矿山的坑洞里有一个水潭，人们把开采出来的铜矿石粉碎处理后投入水潭中，过一段时间后再取出来。这道工序是静悄悄的，既没有机器轰鸣，又不用投入化学药品进行搅拌、反应等。可这道工序的作用很大，据说铜矿石原来含铜量只有0.8%，经过水潭浸泡后铜含量竟提高到了20%左右！

这个神奇的水潭，起作用的也是硫化细菌。原来铜矿石含有许多硫元素，坑道里自然培育的硫化细菌，把矿石里的硫除去了，铜的含量自然就大大提高了。据说，小坂矿山一年可用这种方法得到700多吨含铜量为20%的优质铜矿石。这一发现引起世人普遍关注，这可是一种多快

好省的选矿方法啊!

能制造矿藏的细菌,除了硫化细菌,还有一种铁细菌,它的全名叫线状铁细菌。这种细菌能将氧化亚铁氧化成氢氧化铁。氢氧化铁聚集在一起,就形成通常所说的褐铁矿。在美国苏必利尔湖附近,有一座规模很大的褐铁矿,据考证就是铁细菌的"杰作"。

除此之外,还有没有别的"选矿"细菌呢?科学家们正在进一步研究,前景似乎很光明。

杀"夫"的螳螂

说起螳螂，你自然会想起螳臂当车的故事。相传春秋战国时期，齐庄公出巡游猎，忽见有一只昆虫举起前足挡住车轮。齐庄公便问驾车的人，这是什么动物？驾车人说："这是螳螂，因为它是昆虫，不知天高地厚，知进不知退，简直是不自量力到极点了！"齐庄公说，如果它是人必成为勇士矣！

齐庄公赞扬了螳螂的敢作敢为，然而，纵观螳螂的生活史，螳螂的行为用人类的道德观来看，确实有些"残忍"和"狡猾"。

从外形看，螳螂很文雅，它有修长而娴雅的身躯，披着淡绿色的轻纱般的长翼，前足收缩在胸前，长颈上有一个三角形的小脑袋，很像一位正在祈祷的"修女"。然而，当昆虫经过时，这种平和的相貌便立即消失了。螳螂的前足倒生着锋利的尖刺，胫节末端还有尖锐的硬刺。遇到猎物时，它猝然出击，甩出作为"捕捉机"的前足，可以说是"足到擒来"，整个捕捉过程仅需0.1秒左右，真可谓"迅如闪电"，其"凶残"面目暴露无遗。

不仅如此，螳螂还会使用"欺骗"手段来捕捉昆虫。热带地区有一种螳螂，常伏在树叶和花丛间，把它那略紫带白的螳臂高高举起，看上去像正在怒放的紫白相间的兰花。不明真相的昆虫前去游转采蜜，那"兰花"便劈头盖脸地将昆虫擒获，使之变成螳螂的一顿美食。

最让人不可理解的是螳螂的杀"夫"之举。

在某些情况下，雌螳螂在和雄螳螂交配后，会把雄螳螂作为美食吃掉，尤其是在食物匮乏时。不仅如此，对于前来"求爱"的雄螳螂，雌螳螂总是"咬牙切齿"且"虎视眈眈"地对待这些不怕死的"求爱"者。有人观察到，一只雌螳螂竟能连续吃掉7只雄螳螂。因此，雄螳螂必须小心翼翼、步步谨慎，有时5分钟才向前挪一步，而且总是从雌螳螂的背后悄悄接近，到足够近时才猛扑过去。

令人惊骇的是，即使雄螳螂扑到了雌螳螂的身上并开始交配，雌螳螂仍有可能转过脖子咬下"丈夫"的脑袋，

然后把尚未完成"使命"的"丈夫"吃个精光。然而,雄螳螂们似乎很有些"前仆后继"的精神,一个被吃掉了,另一个继续"进攻",最后都进入雌螳螂的腹内,成为孕育下一代的"营养品"。至此,这场"婚配"才算结束。

  生物各有自己的生活和繁育方式,螳螂的方式看起来古怪,实际上也可能是确保后代的发展延续所必需的。雌螳螂受精后,对繁衍后代一丝不苟,有时为了寻找一个安全地点,要长时间爬上爬下犹豫不决,完全是"慈母"的样子,说明它的"凶残"也是有原因的。

青蛙大战

关于青蛙大战的报道已有多篇。

1970年11月7日,在马来西亚首都以北260千米的森吉西普地区,成千上万只青蛙鼓眼挺肚,互相撕咬,在一个杂草丛生的大泥潭中"浴血奋战",周围地区的青蛙也都成群结队地翻山越岭"赶赴战场"。这场无休止的大战持续了七天七夜,死蛙无数。

1977年在广州城郊,1979年在贵州,1985年在四川,也都发生过几百、几千或上万只青蛙的大战。据报道,这些"战端"一起就非打到底不可;有人企图去"劝架",人为地将青蛙驱走都无济于事,不多会儿青蛙便又聚集起来撕咬成一团。

关于青蛙大战的起因,生物学家认为可能与当时当地的气候条件有关。如果久旱不雨、池塘干涸,青蛙的生活和繁殖会受到影响,为了争夺仅有的几块水塘或沼泽地就可能爆发大战。这道理有点像"天灾生乱世"。但对青蛙来说，多半是一种生物的本能，并非有意识地组织起来"保卫疆土"。

青蛙对气候的反应特别敏感，因此民间常通过观察青蛙的行为来预测天气。我国湖南省有一位农民出身的气象工程师段春作，在其著作《民间测天法》中写道："青蛙的头部两侧各有一个气泡，气泡一张一合，就产生叫声。在晴天，天气如正常，则叫得很有节奏；当天气将变化时，青蛙就乱叫起来，如鸣叫很吃力，叫得不响，叫几声要休息一会儿，或第一声响一些、第二声很哑，则是雷雨来临之征兆。"

青蛙的这种行为与它的生理特性有关。青蛙属两栖类动物，它的肺很小，单靠肺不能吸够氧气以维持生命，必须靠皮肤来辅助呼吸。当青蛙呼气时，气体从肺囊里冲出来，引起声带振动而发声。雄蛙和雌蛙的不同之处是雄蛙头部两侧多一对薄膜状的"气泡"，即声囊——这实际上相当于"音箱"——所以雄蛙叫起来特别响亮。

如果天气晴朗稳定，青蛙的鸣叫则很有规律；如果天气发生变化，温度、湿度、气压等都有较大变动，人会感到不舒服，对于呼吸器官不发达的青蛙来说，其影响就更严重了，所以它只能乱叫一气，或发出嘶哑声，或叫叫停停，显得十分吃力。

青蛙在农业生产中是有益动物,有"稻田卫士"之美誉。据统计,一只青蛙一天可吃掉害虫约70只,一个月可吃掉害虫2000多只,除去冬眠的五六个月,一年可消灭害虫1万多只。除此以外,青蛙处于"蝌蚪时期"时,每天还可吃掉100多只蚊子的幼虫——孑孓,这对人类来说是不小的贡献。当然,这个数字不是绝对的,它受多种因素影响,如青蛙的种类、大小、环境中害虫的数量及青蛙自身的状态等因素而有所不同。

"青蛙大战"之类的悲剧,显然不利于对青蛙的保护,这就需要人类为青蛙提供良好的生存环境。环境好了,生物能"安居乐业",人类当然也就"乐在其中"了。

狒狒幼儿园

人类有幼儿园和托儿所，有老师和阿姨保育，动物有没有这样的待遇呢？一位科学家在坦桑尼亚的坦噶尼喀地区发现，狒狒群体在活动时也有"幼儿园"。当大多数狒狒出去觅食时，留下一个年长的狒狒统一照看断奶不久的小狒狒，还领着它们做游戏，如爬树、丢石头等。小狒狒吵闹起来，这位"阿姨"狒狒还负责制止和教育，很是"尽职尽责"。

狒狒属于猴科动物，体型较大，口吻突出，面部特征鲜明，所以又被称为大头猿。它们多产于非洲。狒狒的"集体观念"很强。每群狒狒都有自己的活动地盘，面积约为几平方千米。它们的头领一般是一只比较老的富有经验而强壮的雄狒狒。这头雄狒狒身躯较大，脸较长，双肩上披着粗糙的狮子般蓑毛，很容易和其他狒狒区别开来。它的"权威"性是不容置疑的，只要它一声低吼，任何狒狒都得俯首听命。

狒狒有许多天敌，如狮子、巨蟒和黑猩猩等，加上狒狒的活动路线很有规律，常常受到意外袭击，如它们到水源地饮水就是一件危险的事。这时，狒狒总是先派出由强壮的狒狒组成的"尖刀班"开路，大队"人马"则隐蔽在树上待命。一旦发现狮子和巨蟒，"尖刀班"先顶住搏斗一番，隐蔽在树上的狒狒则齐声呐喊助威，同时猛烈投掷石头和果实。一般情况下，狮子等动物在"同仇敌忾"的狒狒们的强大声势下，就知难而退了。投掷石头是狒狒自卫的重要手段。但有趣的是，它们从来不用这种方法对待自己的伙伴，即使狂怒时也只是把石头抛到天空而已。

狒狒对后代的呵护和重视，可以说无微不至。小狒狒刚生下来时，全群狒狒欣喜若狂，纷纷前来"道喜"；但它们的规矩很严，只许看不许摸。母狒狒将小狒狒紧紧抱在腹部，用手托着，以确保其安全。小狒狒长到一个月左右，就可以爬到母狒狒的背上去了。这时成年雄狒狒常过来逗它玩，以示宠爱。小狒狒信任少数几个常来关怀它的雄狒狒，一旦受惊就急忙攀到它们的背上寻求保护。狒狒们的规矩是，抱着小狒狒的成年狒狒有不受攻击的权利。当一只雄狒狒抢到一块好吃的木薯根而其他狒狒又要来抢夺时，它只要赶紧躲到小狒狒的后面"哼"一声，其他狒狒就望而却步停止抢夺了。

母狒狒对子女并不百依百顺。当小狒狒长到6~8个月，身上的黑毛渐渐变成棕色时，就要断奶了。这时，小狒狒会抓住母狒狒的毛发，发出可怜而恳求的声调，仍想继续吃奶，但母狒狒会坚决阻止。当小狒狒长到1岁时，母狒狒干脆不让它爬到自己身上来，即便小狒狒尖叫哀告也没有用。母狒狒这样做，对于保证群体的繁衍壮大是必要的。当然，对母狒狒来说，这可能是一种生理性的本能，而不是有意识的。

冷冻人复活

1967年1月，美国一名73岁的心理学教授因患癌症即将去世，他提出了自愿进行人体冷冻技术试验的要求。于是，医生们对他进行了一系列处理后，用铝箔将其包裹起来，装进一只2米长的低温密封储藏舱，旋紧舱门后，用零下196℃的液氮急剧降温。几秒钟后，冷冻完成了，这位教授的躯体被低温保存。几天后，这只密封舱被装上飞机运往亚利桑那州的一个专门贮藏所。

做这项试验的目的，是研究冷冻人体能否在若干年后复苏。一旦成功，人的生命就可以随意调节了。不想活的人或患重病的人，可先"死掉"一段时间，等环境好转或有了特效药后再"醒过来"，这岂不是一桩妙事。

冬眠在生物界是一种普遍的自然现象，青蛙、蛇、蝙蝠、刺猬、黑熊等都会冬眠。冬眠的动物不吃不喝，就像生命停止了一样，其新陈代谢减慢到最低限度。冬眠可以延长动物的寿命。例如，把一只青蛙放在2℃的水里冬眠，它的寿命比放在27℃的水里要长。一般来说，越是低等的生物，越有强大的生命力。南极考察站从永久冰层中发现了12000年前的细菌，在实验室里将它恢复了活性。

科学家在做人体冷冻试验前，先在兔子身上试验了一番。他们把兔子窒息致死，确认它的呼吸、心跳及各种反射都消失了以后，又过了十分钟，把它浸在冰水中冷冻起来；一个半小时后，科学家把富含氧气的血液输入兔子的血管内，同时逐渐给它加温。这时，奇迹出现了，兔子先是心脏开始收缩，一小时后体温升至26～30℃，

胸脯开始一起一伏，它"复活"了。科学家试验了82只兔子，65只"复活"成功，而没有经过冷冻处理的却一只也救不活。这说明，冷冻可能暂时保存生物组织活性，对生命的维持有一定作用。

科学家还发现，复杂的生物有机体在死亡后，如果体温能突然降到很低，那么作为生命标志的蛋白质、核酸的功能虽然停止作用了，但在一定的条件下还可以恢复活力，使"生命之轮"重新转动起来。当然，这种冷冻措施必须及早进行，等到蛋白质、核酸等分解了，那就无法挽回了。

自然界也曾发生过冻死者复活的事。

1958年，苏格兰的一家杂志报道说，有一个人冻死在雪地里，家里人准备了棺材要安葬他，却发现他在室内睁开了眼睛。

1980年2月，美国明尼苏达州的气温降至零下26℃，一位14岁的衣着单薄的姑娘倒在雪地里，早晨被人发现时她已像冰棍一样被冻得硬邦邦了，但送到医院慢慢升温后她又苏醒了过来。此类案例中，人体因低温进入假死状态，细胞未完全受损，就可能恢复生命体征。

当然，人体长期冷冻储存试验能否成功还需要继续研究。

从戴眼镜的鸡谈起

鸡喜欢打架。斗鸡在古代是一项娱乐活动。达官贵人吃饱了没事做，看看斗鸡打发时间，还蛮好玩的；但在养鸡场里，就不好玩了，鸡整天斗得你死我活，不长肉，不下蛋，经济效益从哪来？但好斗是鸡的天性。科学家研究了一番，终于想出了办法，他们给每只鸡戴上一副粉红色的眼镜。怪了，鸡戴上这副眼镜，立刻变得"文明"而且"温柔"了。这是为什么？难道鸡也有爱"酷"之嗜好？错了，真正的道理是因为血是红色的，鸡对红色特别敏感，鸡看见血进而看到红色就会兴奋起来。从粉红色的镜片看出去，红色不明显了，鸡就兴奋不起来了。据说，某养鸡场的鸡戴了眼镜后死亡率明显下降。

科学发明中，有一种叫移植式发明。把人戴的眼镜给鸡戴上，产生了预料不到的效果，这就是发明。据说，"鸡眼镜"的发明者是美国加利福尼亚的一位兽医，他用

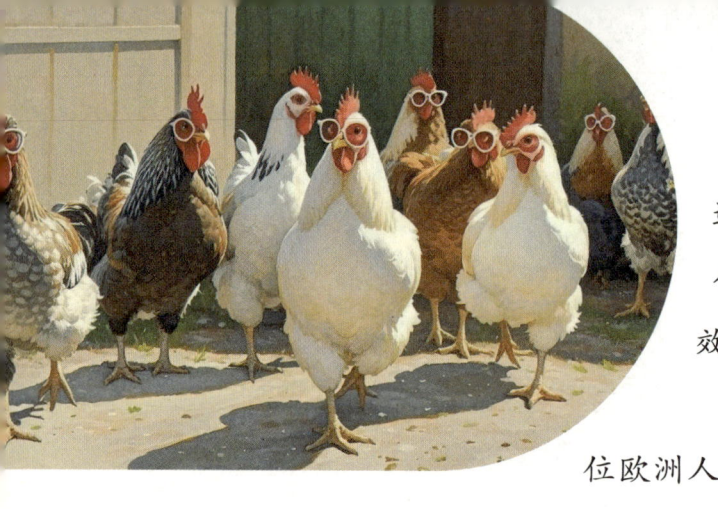

这项发明成立了一个"鸡眼镜公司",效益很可观。

无独有偶。有一位欧洲人也搞了一项移植发明,叫作"鸟用尿布"。欧洲人养鸟和中国人不同,他们不喜欢鸟笼,宁可让小鸟在屋里自由自在地乱飞。这样一来,就带来一个问题。小鸟飞到书上拉一摊屎,飞到茶杯上撒一泡尿,你难不难受?"鸟用尿布"很小,可以很方便地粘在鸟屁股上,只要定期更换尿布,就皆大欢喜了。这个人在报纸上登了广告,邮售"鸟用尿布",结果购买者应接不暇,电话都快被打爆了,小发明创造了新市场。

一说起科技,人们往往想到计算机,想到航天,想到基因,这些当然很重要,但我们也不要忽视了生活中的"小"发明。中国有句老话是"勿以善小而不为"。这句话本来是讲人的品德和行为的,但用在科技发明上也很适合。有一本杂志曾经搞了个调查:你认为20世纪影响世界最大的发明是什么?结果,眼镜高居榜首。是啊,哪一项发明能拥有如此之多的用户且长盛不衰?说起来很简单,不就是两块小玻璃片吗?但正是这两块玻璃片,解决了影响人类视力的大问题,为人类作出了大贡献。

从抽水机谈大气压

事情发生在春天干旱的时候。天还未亮，小王就把我拖了起来："快，抽水机'罢工'了！机器检查了好几遍，一切正常，就是不出水！"小王非常着急。不一会儿，我们就来到了井台上。

抽水机的确安装好了。马达嘟嘟地响着，皮带、水泵都开始工作，水管也畅通无阻，但是，为什么不出水呢？我用皮尺量了量井的深度，恍然大悟："来！小王，把水泵放下去一米！"不一会儿，井水就冒了上来。

小王很奇怪，一定要我讲明道理。我告诉他，这是大气压力的缘故。

我解释道："地球有一层空气外衣，厚度约1000千米。空气虽轻，但如此厚的大气层产生的压力却非常大，在标准条件下，1个标准大气压等于760毫米高的水银柱产生的压力，相当于每平方米就要承受10330千克的压力。如果把一根抽掉空气的玻璃管插在水银里，大气能把水银压高760毫米，把它插在水里，能把水压高约10.3米。一般的抽水机都是利用大气压来抽水的。抽水机先把水管里的空气抽走，大气就沿着水管把水压上来；抽水机不断地把水从管口排出去，水源的'水'就不断地被大气压上来。抽水机并不会抽水，只不过是为大气压力开辟道路而已。

"既然大气只能把水压高十米多，抽水机也只能在这个范围内工作。我们这个井，天旱水浅，水面到地面约11米，所以只得请水泵到井里'委屈'一下了。

"再如，我们从大油桶里取油时，常拿一根足够长的橡皮管，一头插入油桶里，一头放在外面比油面低的地方，把空气吸出来后，油就会源源不断地流出来；或者待橡皮管灌满油，把一头插到油里，把另一头堵住不让油回流，并拉到油桶外比油面低的位置，油就会源源不断地流出来。这就是虹吸管原理。这个原理在灌溉技术上也应用得很广。但是，虹吸管也不能架得太高，其道理和上面讲的道理一样。"

"你刚才说，大气压每平方米有十吨多，一个人的表面积总有 1 平方米吧，能负担得了吗？"小王好奇地问。

我说道："对此，你不必担心。人如果是个真空盒子，早就被压扁了。可是人体内到处有压力，骨骼、细胞、血液、体腔等都有压强和大气压抗衡。而且长期生活在大气压下，人已经完全适应，丝毫不感到有压力了。相反，如果我们飞上几千米的高空，失去大气压力，由于人体内部压强继续存在，人就会像气球一样膨胀，血管胀裂，耳膜破碎，生命就很危险了。这在宇宙航行中是必须解决的问题。"

"有一次我们爬山时，感到头脑发胀、呼吸困难，这也是大气压的缘故吗？"小王又问。

"是的。随着海拔升高，空气越来越稀薄，气压也随高度的增加而急剧减少。高山上常煮不熟饭，就是因为气压降低导致水的沸点降低，即使水已经滚开，但总达不到在地面上沸腾时的温度，加大火力也白费力气。要想和地面一样，必须请特制的'高压锅'帮忙。"我继续说道。

"气压还直接影响天气的阴晴风雨，并与温度变化和各种自然条件的改变密切相关，所以气压是预报天气的重要依据。"说到这里，我停了一下又接着说，"其实，大气压的表现无处不在，像茶壶盖上有一个小孔、细口瓶倒水很困难、两块光滑的玻璃合在一起难以分开等都与大气压有关。"小王听到这里恍然大悟地说："嘿！真想不到，这看不见的空气还有这么多学问呢！"

超冷世界的奇迹

由分子组成的物体的冷热，决定于组成它的分子的热运动。分子运动得越快，物体就越热。相反，如果分子的运动渐渐变慢，物体就会渐渐变冷，由气体"冷"成液体，再由液体"冻"成固体；一直冷下去，当分子停止了热运动，物体就"冷"到了极点。这时的温度是公认的超冷极限，叫作"绝对零度"，即零下273.15℃，而地球上自然条件下的最低温度记录是零下98.62℃！

绝对零度的世界，十分奇妙，温度低得连物质的原子也会被冻僵，从而使物质的本性发生急剧的变化。例如，橡皮会失去弹性，变得又硬又脆，和玻璃一样一敲就碎；铅制的铃铛会忽然活跃起来，响得叮叮当当，甚至比铜铃还要清脆。

世界上最"顽强"的一种气体——氦气，在零下268.93℃时开始变成液体。平时的导线在有电流的时候，总要多多少少地发热，也就是传送的电能总要在导线上被消耗一些，但超低温导线没有这一问题，电流可以任意地流来流去，即使远距离传送也不损失丝毫。另外，物质的磁性、热性质和许多属性也会因发生急剧改变而使物质面目全非。

1911年，荷兰科学家卡麦林·昂纳斯在研究物质在超低温条件下的性质时，发现水银在温度低到零下269℃时会失去对电流的阻力，即水银将失去电阻。其他金属如铅、锡、锌、铀、铝等，当温度下降到一定程度时，它们的电阻也会突然消失。如果把冷却了的水银放到磁场中，水银的超导性便丧失，变得与普通温度下的金属一样；但如果再将水银冷却或去掉磁场，水银的超导性又重新恢复起来。

除了水银，还有一些金属像铝等，也能在磁场强度改变很小的条件下，突然发生超导状态与非超导状态的互相转化。

我们知道，电子管和晶体三极管的电阻能够在电场的作用下发生变化，所以它们在各种电子技术中得到了广泛的应用。具有超导性的金属（即所谓超导体）的电阻，能在磁场的作用下发生变化。这启发了科学家成功地研制出一种新型的电子器件——冷子管。

冷子管是一种基于超导效应的电子器件，其核心部分由铌丝绕制的线圈和钽棒组成。冷子管只有头发一般粗细，用它做成的线圈只有别针头那样大。只要把冷子管放在盛有液态氦的容器中，钽棒将具有超导性，而器件本身就产生了奇妙的性质。沿着这一钽棒能够长期地通过很大的电流，而且只要在铌丝线圈上加一个不大的电压，就能控制电流。因此，冷子管既可以用来作为电子开关，也能够用来放大交变电流。

低温是一门尖端科学，在科学研究和实际应用中都发挥了巨大的作用。例如，许多重大的原子核实验必须在超低温下进行。超导性的金属可以做精密的仪器，进行精确的测量。低温研究已经显现出诱人的前景，低温科学正在快速地发展着。

"超导体"自述

我和科学家打交道,已有70多年的历史了,我们也算是"老朋友"了。虽说我的独特才能一开始就使科学家们惊叹不已,但长期以来我还只是实验室中的"珍品"。只是到了最近20多年,由于超导理论的进展和新的超导材料的出现,我才开始跨出实验室的大门,在许多尖端部门大显身手,而且屡建奇功,引起了人们的注意。

前文谈过荷兰科学家卡麦林·昂纳斯发现将水银冷却到零下269℃时,水银的电阻就消失了。你们知道,任何材料通常都是有电阻的,表现在对电流的阻碍作用上。绝缘体如陶瓷、橡胶等电阻很大,导体如铜、铝等电阻较小,但水银在这种温度时却根本没有电阻。如果让电流在水银环内流动,由于没有阻力,电流将永不停歇地流动下去,于是,人们给我起了个名字:超导体。后来人们又发现和研制了许多超导材料,目前已达数千种,我的家族可真不小哪!

我没有电阻，可以允许很大的电流通过而不发热，用我来输送电能那是最理想不过了。现在用的金属输电线，由于电阻的存在，在传输过程中会因发热而产生损耗，许多电能就白白浪费在线路的发热上，多么可惜呀！科学家正在研制中的超导电缆就是要解决这个问题的。但这还不是我的唯一用途。你们知道，电流能产生磁场，强大的电流能产生强大的磁场，而强大的磁场正是现在许多部门梦寐以求而又求之不得的。

就拿发电机来说吧。随着生产力的发展，电力要求不断增长，对发电机的输出功率要求越来越高。如果发电机使用普通材料制造，发热问题就无法解决，目前制造的100万千瓦发电机已接近它的极限值，但如果用我来代替，那可不是吹牛，输出功率可以显著提高几十甚至上百倍！

在受控热核反应、高能加速器、磁流体发电等许多重要科研项目中也都需要强大的磁体，而用常规材料制造强大磁体却又谈何容易！例如，一个10万高斯（1万高斯=1特斯拉，磁感应强度单位）的常规磁体，本身耗电量达1600千瓦，相当于一个10万人口城市的全部照明用电；为了解决发热问题，其每分钟需要冷却水4500升。看来想再建造更大的磁体是不可能的了。但对我来说，建造几万高斯的磁体简直不在话下，而且体积小巧、耗电很少,稳定性、均匀性也很优越。举例来说,一个5万高斯的常规磁体,重约20吨,用我来制造却只需几千克,而耗电量却只有普通磁体的六千分之一。难怪越来越多的研究部门对我"一见钟情"了。

我还有一个特殊的本领!用我做成一个圆盘子,把一个小磁铁放在上面,小磁铁会飘然而起,悬浮在空中。科学家把这种现象叫作超导体的完全抗磁效应。这可不简单!你想,如果让轴承间实现这种悬浮,就能制成没有磨

损的"无接触轴承",那该多好啊!如果飞船、舰艇用的陀螺定向仪实现这种悬浮,定向精度一定会大大提高。更诱人的是,在铁轨和火车轮子之间实现这种悬浮制成"超导磁悬浮超高速列车",将给交通运输业带来巨大的变化!

  当然,我也还有缺点,主要是有些"娇气"。例如,我的生存需要很低很低的温度,目前大多数超导材料的最高转变温度仍低于零下200℃。多少年来,科学家们一直在致力于帮助我克服这一缺点,以利于推广使用。这方面的研究近年来已取得可喜的成果。相信在不久的将来,超导之花将会盛开得更鲜艳!

世界上第一台发电机

如果现在世界上没有电,那简直是不可想象的事!说到电,我们就想起了发电机的发明者——法拉第。

法拉第是19世纪英国著名的物理学家和化学家。他出生在一个贫寒的铁匠家庭,从小未进过学校。13岁时沿街卖报,14岁在一家装订书店当学徒。尽管生活艰辛,但法拉第始终保持着强烈的求知欲望和坚韧不拔的毅力。后来他被大化学家汉费里·戴维发现并成为戴维的助手。从此,法拉第更加勤奋好学,勇于实践,敢于创新。

那时世界上没有发电机,电流只能从成本高昂的电池中获得,而且得到的电量很少。法拉第很想找到一个方法来大量产生电能。当时科学界已发现了电流通过导体时能使磁针偏转的现象,法拉第由此进一步推想,既然电流可以产生磁力,那反过来磁力能否产生电流呢?

为了证实这个想法,他进行了大量的实验。他找到了一些磁铁，自己动手做了一些线圈，并把它们按不同方式连接起来，或按不同位置排列，但这些实验都失败了，线圈里不能产生电流，连接于线圈中的电流计的指针纹丝不动。难道这条路真的走不通吗？法拉第并没有灰心，他继续进行实验。

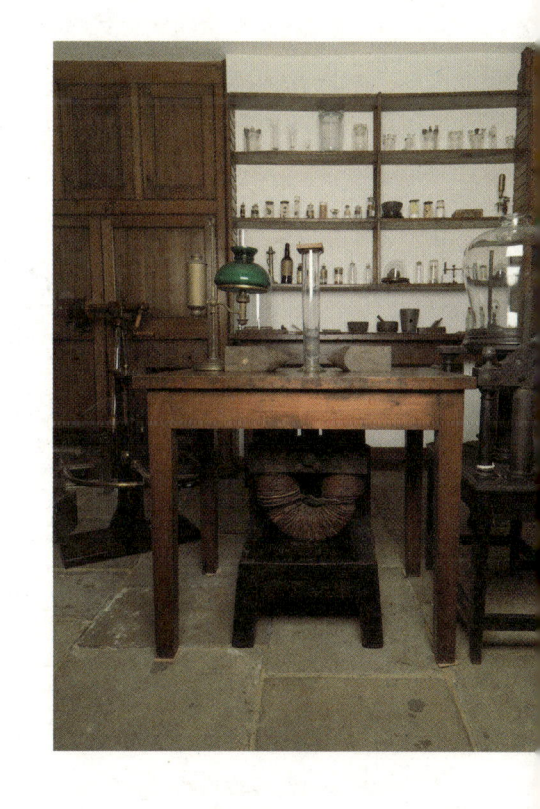

有一天，法拉第把磁铁放到线圈中间，就在他放的一瞬间，他忽然看到电流计的指针动了一下。法拉第高兴极了，他抓住这一瞬间的现象进一步思考，并反复实验，终于发现仅把磁铁放在线圈中不能产生电流，要产生电流，磁铁和线圈之间还必须有相对运动才行。根据这个原理，他继续钻研，终于制成了世界上第一台发电机。

从爆竹的爆炸谈起

"爆竹声中一岁除。"春节前后,爆竹和花炮的爆炸声此起彼伏,宣告着新春的来临。爆竹为什么会爆炸?原来在爆竹的纸壳内装有用木炭、硝酸钾和硫黄制成的黑火药,两端用泥封住,当引火线燃烧时点燃黑火药,黑火药发生剧烈的化学反应而爆炸。

任何化学爆炸都需要具备三个条件:第一,化学反应在极短时间内要高速进行;第二,反应必须放热;第三,生成大量气体产物。这三条缺一不可。炸药得天独厚,具备了爆炸的所有条件。

炸药的瞬时功率极高。1千克烈性炸药可以在几微秒内反应完毕,瞬时功率可达几亿千瓦。世界上至今还没有一个发电站或电动机能产生如此巨大的功率。炸药反应释放的热量可达每千克1000~1600大卡,生成气体的体积约为炸药原体积的数百倍,并产生几千度的高温和几十万大气压的高压。当高温高压气体迅速膨胀时，就会产生巨大的声响和耀眼的火光。这就是炸药的爆炸。

谈到炸药，众所周知，从简单的手榴弹、地雷、炸药包到复杂的炮弹、鱼雷、导弹，都离不开它。然而，炸药的用途还不止于此，在工农业生产和科学研究的许多领域炸药也都有用武之地。

近年来，新的高强度金属和合金越来越多，用传统的车床对其进行加工困难重重，而使用一种"爆炸成形"的新工艺，利用炸药爆炸的冲击波就可使金属按设计成形。此外，炸药还可以进行焊接、铆接、穿孔和切割，尤其在许多用一般方法无法进行加工的特殊环境下，炸药爆炸加工显示了它的优越性。

地质工作者可以使用爆炸产生的地震波探查地层结构，寻找石油矿床；科学工作者可以用爆炸的方法来合成金刚石；钢铁厂可以使用炸药开启高炉的出铁口，等等。

炸药活跃在矿井和水下，活跃在筑路和水利工程的工地上，它可以疏通河流、消除暗礁、增加港口水深。日本一医生用炸药的微爆炸，消除了病人体内的胆结石，创造了用"爆炸法"治病的先例。炸药还进入了工艺美术工厂。近年来发展的"爆炸法"金属雕刻术是将带有图案的硬纸板放在金属表面与炸药之间，当炸药爆炸时，就将图

案清晰地印在金属板上。据报道，国外使用"同时爆轰"技术已制成半米宽的金属雕刻画，图案细致精美。使用这种技术，只听"嘭"的一声响，一件美丽的工艺品就成功了。经过人们长期的实践、研究，炸药的威力和功能真是越来越神奇了。

从王子找新娘谈起

人们都知道安徒生童话中有一个"王子找新娘"的故事。为了考验新郎的能力,女方准备了模样服饰完全相同的10个新娘,让新郎从中挑选出自己的新娘来。

现代科学也面临着一个与此类似的任务。

开发核能需要铀矿。天然铀中含有两种性质非常相似的同位素:铀235和铀238。核电站需要的燃料是铀235,可它的含量很少,每1000个天然铀原子中只有7~8个是铀235原子。铀235和铀238像双胞胎一样,要把它们的原子挑出来可不容易。

科学家开始采用的是"扩散法"。由于铀235的原子核比铀238的原子核少3个中子,因此铀235的"体重"稍轻一些。科学家先将天然铀变成气体,然后让它们一起膨胀扩散,"体重"轻的跑得快一些,"体重"重的就要落后一点,这样就把它们分离开了。但一次膨胀并不能完全分离，实际上要采用多级串联法。目前采用气体扩散生产反应堆用核燃料需要1200级串联，如果用于核武器，则至少需要4000级串联。这种方法已为全世界普遍采用，但因此法投资大、耗电量高，生产的铀235的价格昂贵。

激光的问世为分离同位素开辟了新的途径。由于激光具有很好的单色性，它可和特定同位素的光谱线相"匹配"。当某一波长的激光照射时，可只使铀235处于激发状态；再换一种激光照射，铀235就被电离成带电粒子，而铀238却依然故我、毫无反应。这时，就可用电场力将带电的铀235离子赶进"收聚室"。这样，只用两束激光就能把铀235和铀238分离开了，这种方法被称为"激光分离法"。

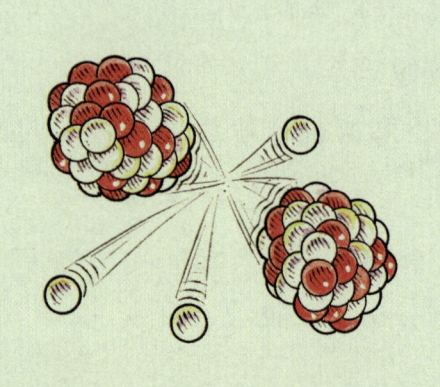

这种新方法耗电量少、成本低，且可将铀235和铀238一次性全部分离，初步估计耗电量只为"扩散法"的千分之一，很有发展前途。1975年，这种方法在美国劳伦斯利弗莫尔国家实验室首次取得成功。虽然分离出的样品只有4毫克，纯度也只有3%，却立刻轰动了全世界。在全球能源短缺日益加剧的背景下传来这一消息，能源开发者无不为之欢欣鼓舞。

会流动的磁铁

你见过会流动的磁铁吗？

将一块通常的磁铁研磨成纳米级颗粒，分散到水或油中，就成了会流动的磁铁，这种磁铁又被称为"磁性液体"。我们知道，将两块磁铁的异性磁极接近能使两块磁铁相互吸引在一起，可是，磁性液体中的小磁性颗粒却不能这样。因为磁性颗粒很小，液体分子杂乱无章的热运动，使它们无法接近；加上磁性颗粒经过处理，都穿上了一件"油酸外衣"，使它们彼此可望而不可即，形成了既不会凝聚又不会沉降分离、性质稳定的悬浮液。

磁性液体看上去没有什么出色之处，其特性却很不平常！它平时不显磁性，但在外加一个很小的磁场后即可显示出很强的磁性。令人惊奇的是它会产生一种"漂浮"现象。我们知道，石落沉底。将一个比重很大的物体，如铅球放在一杯磁性液体中，当然也要沉底。可是，将这杯液体置于磁场中时，铅球竟然会漂浮起来。当然，比重越大，需要的外加磁场也越强。

　　磁性液体在1965年由美国宇航局研制成功，引起了人们极大的兴趣。它具有强大的磁场吸力和很好的流动性，适于做密封剂。例如，旋转轴的密封历来是一大难题，用磁性液体密封可承受20个标准大气压，转速高于1000转每分钟，这是传统的密封法所望尘莫及的；利用"漂浮"现象选矿又快又好，只要改变外加磁场的强弱就可使不同矿物依次分离；用磁性液体制造的磁性墨水稳定性非常高，能承受强大的离心力，可用来实现高速印刷；还可用磁性液体制造寿命长、损耗少、噪声低的"软"轴承，消除水面油珠，制造精密仪表，等等。磁性液体还有一个很有意义的特性：当磁性液体内部温度不同时，会产生一个附加的静磁压力使液体源源不断地流动，可用来推动涡轮机或发电机。有人设计了以磁性液体为转换介质的工厂废热发电装置，大大提高了热电转换效率。

何为量子纠缠

2016年8月16日，我国研制的首款空间量子科学实验卫星"墨子"号，在酒泉卫星发射中心成功发射。据报道，发射这颗卫星的目的是探索一种新的保密性非常强的通信方式——量子通信。这种通信是建立在一种称为"量子纠缠"的原理之上的。

这颗卫星为什么命名为"墨子"号呢？

墨子是春秋战国时期思想家、墨学创始人，他对自然科学也颇有研究。他第一个提出"光线是沿直线传播的"，并发现了"小孔成像"的原理，为后来的摄影术奠定了基础。量子通信，正是依靠"光直线传播"来实现的，所以用"墨子"命名这颗卫星还是挺恰当的，也体现了中国的文化自信。

量子纠缠又是怎么一回事呢?

先说说什么是量子。

世界上有些事物是连续的。如打开水龙头便有水流出来,根据水龙头打开的大小,水流可以连续地发生变化;但有些事物就不能这样,如机枪射出的子弹就不能连续变化,要么是1个,要么是2个,总之是n个。n只能是整数,用机枪不可能发射二分之一个子弹。

科学家发现,光线也是不连续的,是由一个一个光子组成的,我们称之为光量子,也叫作量子。

研究量子的科学叫作量子力学。

随着研究的深入,科学家发现,微观世界的各种基本粒子,无一例外地都服从量子力学的规律,这些规律和我们日常所见的宏观世界的规律大相径庭,让我们目瞪口呆、困惑不解。

譬如,在宏观世界里,波和粒子是不同的概念,但在微观世界里,二者可以统一起来。例如光线,既可以看成波——光波,又可以看成粒子——光子,具有"波粒二象性"。

当爱因斯坦第一次提出光的"波粒二象性"的时候,

遭到大多数人的嘲笑和攻击：什么意思？每周1、3、5是波，2、4、6是粒子，轮流做庄？这不是胡说八道吗？

然而，实验证明，爱因斯坦是对的：任何时候，光都有波粒二象性。

另外，在宏观世界里，一个物体的速度和位置是可以同时准确测定的。譬如飞机来了，雷达可以把飞机的速度、位置都准确地测定出来。但是，对于微观粒子就不行。科学家发现，如果一个基本粒子的位置被精确测量了，它的动能就无法被精确测量了。另外，时间和能量也存在类似的不确定性关系。这就是著名的"测不准原理"。

> 顺便说一句，在微观世界里，测量可不是一件简单的事，测量会破坏或改变微观粒子的状态。

还有一种难以理解的现象，就是"量子纠缠"。

如果把两个基本粒子"纠缠"起来，然后将这两个粒子分开，如一个放在北京、一个放在上海，当你改变北京那个粒子的状态时，上海那个粒子的状态也会同时改变，尽管它们之间没有发生任何联系。

这种"超距作用"的传播距离还可以更远。理论上，即使两个粒子相隔若干光年，譬如一个放在地球上而另一个放到织女星上，它们之间也是可以相互影响的。

这种现象，历史上被爱因斯坦称之为"鬼魅般的超距作用"。他认为，这种违反了因果律和定域性原则的事情是不可信的。为此，他和量子力学的代表人物——丹麦科学家玻尔争论了很多年。

但是，近来越来越多的实验证明，爱因斯坦可能错了。

2015年10月25日，荷兰代尔夫特理工大学的科学家们把两颗钻石分别放在代尔夫特理工大学校园内的两处地方，它们之间相距1.3千米。每块钻石含有一个可以俘获单个电子的微小空间，每个空间放置一个被纠缠过的电子，它们之间没有任何方式的联系。实验证明，确实存在这种奇异的"超距作用"：改变其中一个的状态，另一个也发生了改变。

我国科学家潘建伟等人，实现了百千米量级的量子纠缠和应用的研究，其科研成果已经处于世界前列。

如何把"量子纠缠"应用到通信领域呢？

光子，也是一种电磁波，其磁场和电场都是有方向的（或者叫作光子的偏振）。譬如把水平方向定为"0"、垂直方向定为"1"，通过改变光子的偏振状态，就可以把一组光子进行编码。

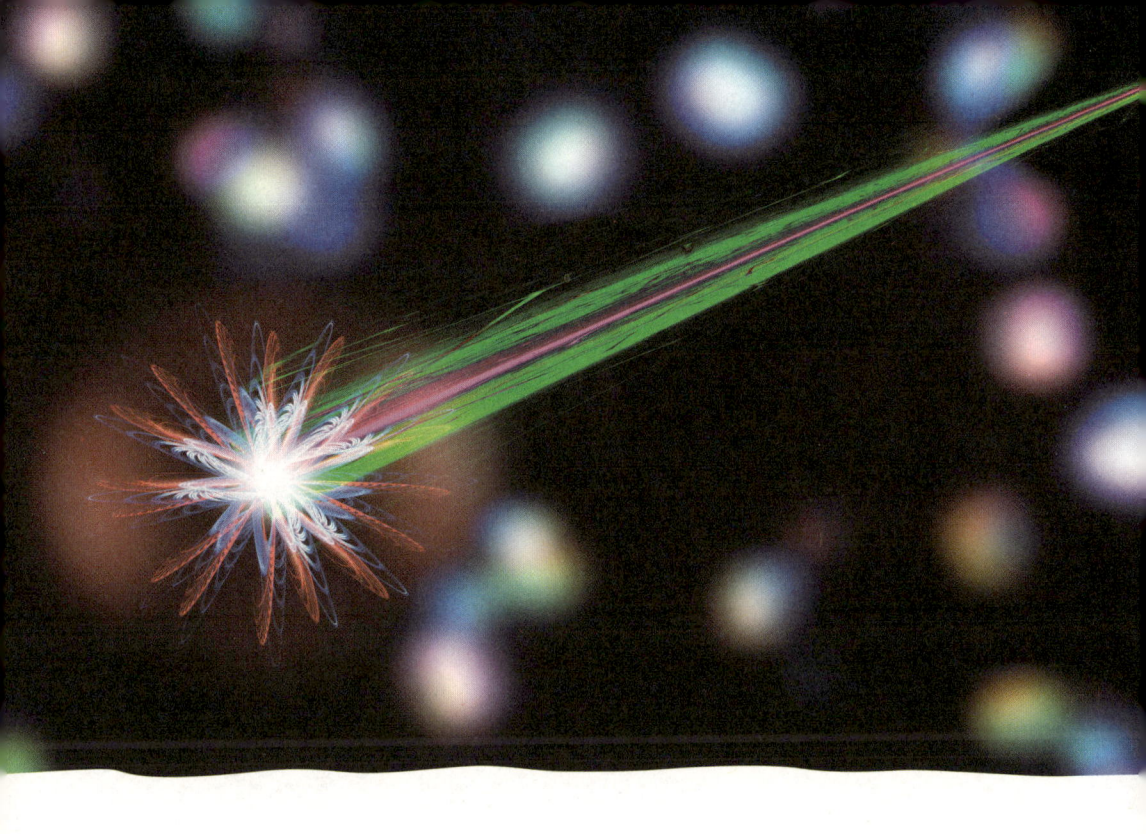

量子通信传递的不是传统的电磁波信号，而是一个个被编码的、被纠缠过的光子，每一个光子要么是"0"、要么是"1"，一连串的"0"和"1"就代表了要传递的信息。

显然，传递的信息量越大（比特数目大），要求被纠缠的光子数目越多，这也是一个技术难题。目前，潘建伟团队已实现18个光量子比特的纠缠。

纠缠光子的制备、储存和传输也都是技术难题。

目前正在试验的量子通信，传递的并非信息本身，而是打开信息的密码（或称密钥），信息本身还需要用传统手段传递。完全依靠"量子纠缠"实现"远程隐形传输"还为时尚早。它是科学家们的一个奋斗目标,对它的认识还需要一个探索和深入理解的过程。

为什么说量子通信保密性很强呢?

这是因为在纠缠光子的传递过程中,如果有人窃听,它的状态就会因窃听(测量)发生改变,密码接收的误码率会明显增加,引起发射者的警觉,而停止密钥的发送;当窃听者消失后,可以换一组密码重新发送。因为能及时发现窃听者,所以量子通信具有很强的保密性。

最后,谈一下如何实现光子的纠缠。

一个常用的办法是利用晶体的非线性效应。例如,把一个紫外线光子放进晶体里,由于非线性效应的存在,在输出端可以得到两个红外线光子。因为这两个红外线光子来源于同一个"母亲",就处于相互"纠缠"的状态了。

关于这个话题,要说的还有很多,篇幅关系,还是适可而止就此打住吧。

何为"上帝粒子"

2012年7月,位于法国和瑞士交界处的欧洲核子研究中心发表了一条消息,他们发现了科学家寻找了很久的一个基本粒子——希格斯粒子。2013年3月,这一发现得到了进一步确认。为此,人们惊呼:"上帝粒子"终于被发现了!著名科学家霍金曾经和希格斯用100美元打过赌,他认为,希格斯粒子永远也不能被发现,看来霍金输了。

2013年10月,英国科学家彼德·希格斯,因预言希格斯粒子的存在获得了当年的诺贝尔物理学奖。

何为希格斯粒子,为什么人们称之为"上帝粒子"呢?

先从基本粒子的发现谈起吧。

古希腊时代就有人认为,世界万物都是由原子组成的,但当时"原子"只是一个哲学概念,真

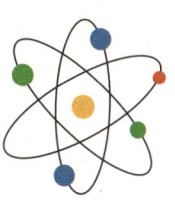

真从科学上搞清楚原子的结构是20世纪的事。当汤姆孙发现电子、卢瑟福提出原子的核式模型之后，人们终于明白，原子是由原子核和电子组成的，电子围绕着原子核运动，就像行星围绕着太阳运动一样。后来人们又发现，原子核是由质子和中子组成的。

当时人们认为，组成世界的基本粒子只有三种——质子、中子和电子。如果到此为止，倒是比较简明扼要。然而，后来的科学发现却越来越让人困惑，甚至有些哭笑不得了。

科学家们在来自天外的射线中，在越来越强大的加速器中，发现了越来越多的基本粒子，其名字也是五花八门，如"超子""重子""介子""胶子""中微子""反粒子"……到20世纪末，已经发现的"基本粒子"超过了300种。当然，其中的很多基本粒子寿命很短，可谓转瞬即逝；但寿命再短，也得承认它们的存在啊！

这就带来一个问题，难道这些"基本粒子"都是最基本的吗？这也太多了吧？

于是，理论物理学家出来了。他们提出一个又一个理论，企图把这300多种"基本粒子"压缩、筛选、甄别，以结束这种混乱的局面。换言之，他们认为，这些"基本粒子"并非都是基本的，他们应该是由少数几种更基本的

"基本粒子"组成的。

根据这个理论,最基本的基本粒子有62种(说起来也不算少),它们分为两大类:费米子和玻色子。这62种粒子,当时还有很多尚未被发现,后来陆陆续续也都被发现了,只有希格斯粒子迟迟未被发现。这让标准模型的拥趸们惴惴不安:如果永远发现不了希格斯粒子,标准模型就随时有垮塌的危险。

> 理论提出了很多,最后大家认为,一个被称为"标准模型"的理论比较靠谱,因为它能够解释目前所有的实验结果。

希格斯粒子被发现,让标准模型的拥趸们松了一口气。

当然,世界上从没有十全十美的事,标准模型也不例外。

标准模型有两个局限。一是它只描述了自然界的三种力——强力、弱力和电磁力,没有包含第四种力——引力。二是理论中很多参数不是理论推导出来的,而是靠实验补充的。一个理论如果还要依靠实验来提供必要的参数,"腰杆"总是不硬的。

但就当时而言,能够有这样一个理论已经很不错了。

在标准模型的基本粒子中,没有中子和质子,它们分别都是由更基本的粒子——夸克组成的。夸克可以分成6种：构成质子和中子的是较轻的上夸克和下夸克，另外，还有较重的奇夸克、粲夸克、底夸克和顶夸克等。

"夸克"这个名字由英国科学家默里·盖尔曼命名，他也是标准模型的奠基者之一。他的灵感来自詹姆斯·乔伊斯的小说《芬尼根的守灵夜》。"夸克"的原意是一种鸟叫声，并无物理意义，但因为比较奇特，读起来也好听，大家也就认可了。

希格斯粒子为什么叫"上帝粒子"呢？

标准模型认为，所有的基本粒子刚出现时，都是没有质量的，在宇宙的起点——"宇宙大爆炸"发生后的宇宙极热时期，希格斯粒子出现并形成了所谓的"希格斯场"。刚诞生的基本粒子经过希格斯场的时候，与这个场发生相互作用，其运动受到了场的"粘黏"，从而获得了质量。

基本粒子有了质量，才形成了星球，最终有了生命，有了大千世界。这就很有点"造物主"的意思了，所以，有人戏称希格斯粒子为"上帝粒子"。

但希格斯本人头脑很清醒。在欧洲核子研究中心发布消息之前，他也是

"一颗红心，两种准备"。

有记者问希格斯，如果真的像大家期待的那样发现了希格斯粒子，你会做些什么？希格斯腼腆地说："我应当会打开一瓶东西。"

"什么东西呢？"记者追问。

"香槟吧。"

"那如果不成功呢？"记者又问。

"如果我是错的，我会非常伤心。如果没有找到它，我就会不再理解以前理解了的东西。"

河上奇观

1834年,英国科学家约翰·斯科特·罗素在河面看到一个奇怪的现象,并进行了生动描述:

"我看到两匹骏马沿运河拉着一只船迅速前进。船突然停止,这时随船运动的水并没有停止,它激烈地在船头翻滚堆积起来,随即突然离开船头,以巨大的速度向前推进。它的形状是一个大鼓包,一个轮廓清晰且光滑圆润的水堆。沿着运河继续前进而不明显改变它的形状和速度。我在马上跟踪注视,发现它以8~9英里每小时的速度前进,保持它原来约30英尺(1英尺=0.3048米)长、1~1.5英尺高的形状。后来,它的高度逐渐降低,经过1英里的追逐后,在运河的拐弯处看不见了。"他称这个波为孤立波。

通常在湖面、河面看到的水波,总是向四面散开并很快消失,为何这个"馒头形"水波能保持形状并推进1英

河上奇观

里之远？这一现象引起人们很大的兴趣，但一时谁也说不清楚其中的原因。直到60多年后，才有人提出理论解释，认为那是因为水具有"非线性效应"和"色散效应"。

1971年，查布斯基等人在大水箱中进行实验，人为地造出了"馒头形"的波。他们发现，如果同时有两个这样的波碰撞，则它们碰撞后仍各走各的路，形状也不改变。这种现象与19世纪末提出的"孤立子理论"相吻合。

今天，"孤立子理论"已成为前沿科学之一。它在应用数学、凝聚态物理、粒子物理、天体物理、生物学和化学诸方面均有重要作用。当然，现在所说"孤立子"的概念已经远远超出水波孤立子的范围了。

1980年赴美国加利福尼亚大学攻读博士学位的中国研究生吴君汝，在2厘米深的小水槽中首次发现了一种奇异孤立子。这在世界上是第一次，因此引起极大轰动，他已获得该校建校以来第一个外国学生的"最佳助教奖"。吴君汝的新发现，为祖国争得了荣誉，也为孤立子的研究开辟了新路。

奇特的塑料薄膜发电

1969年，日本科学家发现了一种奇特的现象：将聚氟乙烯塑料薄膜单向拉伸后，周期性地施加压力，这时在薄膜两面便产生了电压。如果在塑料薄膜上贴上金属电极，引出导线，一个频率和加压频率相同的交变电流便源源流出，塑料薄膜变成了一个小巧的"发电机"。

消息传出，引起了人们极大的兴趣。众所周知，石英晶体等材料受压而发电的"压电现象"曾经导致随后的大批创造发明的出现，而塑料由于重量轻、成本低、加工容易、不怕摔打，用其发电显然比石英更胜一筹。于是，人们纷纷研究这种现象的应用。

20世纪70年代中期，一批使用塑料薄膜实现电声转换的装置接踵而来。声音也是一种压力变化。在这些装置中，声音是发电的"动力"，薄膜是"发电机"。这些装置结构简单、体积小、重量轻，其灵敏度比传统的静电型发电机高几百倍，还不受湿度的影响；制成拾音器、耳机或者扬声器，频带很宽，低可达亚声频区，高可达微波超声区，而且在输入频率很大时仍可保持较低的噪声水平，特别适宜于制造"立体声"音响装置。

在医学上，这种声电转换装置可用来察觉一般方法所难以发现的心音、胎音、脉搏和血压变化，为早期诊断提供判断依据。由于塑料薄膜的声学特性和水十分接近，因此可制成灵敏的水声检测器。将薄膜贴在金属凹形罩上可制成发射和接收超声信号的"天线"，灵敏度也非常高，甚至可用来制造扫描声学显微镜，洞察微观世界的奥秘。据测量，这种薄膜在外力下产生的电压可高达10伏，已经足够驱动逻辑电路和液晶显示元件。在今天袖珍电子装置日益增多的情况下，这种小巧玲珑的"发电机"自然是求之不得的。

撞击也可以成为这种"发电机"的动力。有人将这种薄膜装在炮弹上，制成了可靠的电起爆引信；当炮弹射中目标时便受到瞬时撞击，压力的突然变化在薄膜上产生电流，电流进入雷管便引起了爆炸。这种引信系统的最大优点是电输出非常稳定，即使炮弹运动情况不太理想也不会产生"瞎火"，而塑料在运输和撞击时都不会破裂，从而使其可靠性大大提高。

塑料薄膜受热能发电的特性，使它登上了红外探测器的舞台。红外线是一种热射线，它射到薄膜上就会使薄膜变热而产生电流。这样，我们就可以通过对电流的测量来研究红外线了。它适宜于进行火焰检测、入侵报警和视野监视等，可以发现微小的红外信号，真是神奇的"眼睛"！由于它对激光很敏感，还可用来对微秒级的激光脉冲进行能量分布测量，这深受激光工作者的喜爱。而用塑料发电薄膜做靶面材料的热电摄像管，也以高分辨率和高响应度的新奇姿态跻身于电视工业中。

奇特的塑料薄膜发电

关于核酸

核酸是什么？

19世纪中叶，瑞士医生弗雷德里希·米歇尔发现人的白细胞中有一种酸性物质，将其称为"核素"，后改称为"核酸"。

当时的科学家对蛋白质比较重视，认为它才是生命的基础，并没有认识到核酸有多么重要。

此后的60多年来，经过很多科学家的努力，人们才慢慢认识到核酸的真正价值。

做出伟大贡献的是两位科学家，一位是美国科学家詹姆斯·杜威·沃森，另一位是英国科学家弗朗西斯·哈利·康普顿·克里克。他们都在著名的剑桥大学卡文迪什实验室工作，他们发现了核酸的双螺旋结构，解开了生物遗传之谜。这项发现被称为20世纪三大科学发现之一（另外两个是相对论和量子力学）。

核酸共有两种：一种是脱氧核糖核酸，简称DNA；另一种是核糖核酸，简称RNA。DNA存在于生物细胞的细胞核中，RNA存在于生物细胞的细胞质中。这两种核酸都是生物大分子。

核酸在生命中起什么作用呢？

简单说，DNA包含着遗传基因，或者叫遗传密码，是决定生命如何遗传的主要物质；RNA则在蛋白质合成过程中发挥着重要作用。

打个比方，你要盖一座房子，首先得有图纸，还得有施工队，施工队要先准备各种建筑材料，最后盖成房子。

如果把生物体看成一座房子，图纸就是DNA，施工队就是RNA，建筑材料就是蛋白质，RNA从DNA那儿获得了图纸后，要先合成各种蛋白质，然后用它们制造出各个器官，完成生物体的建造。

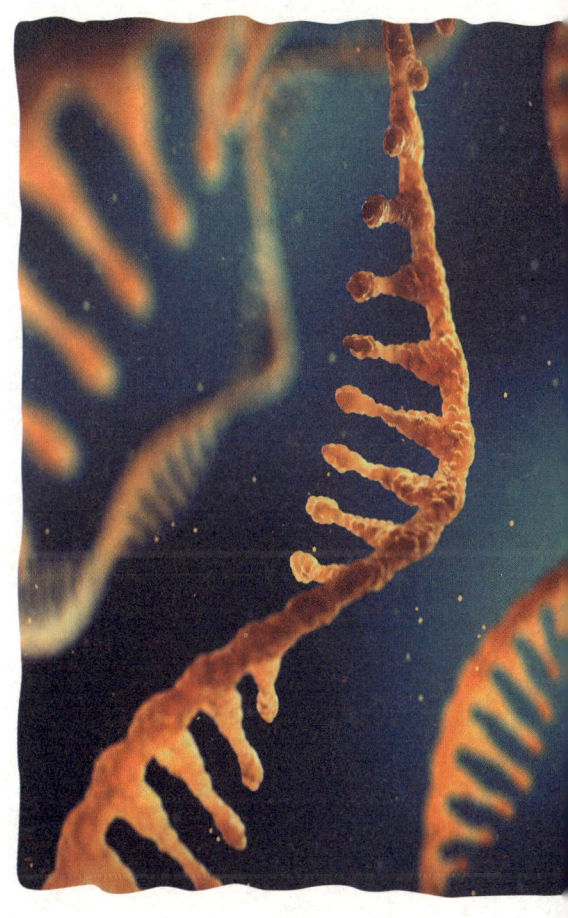

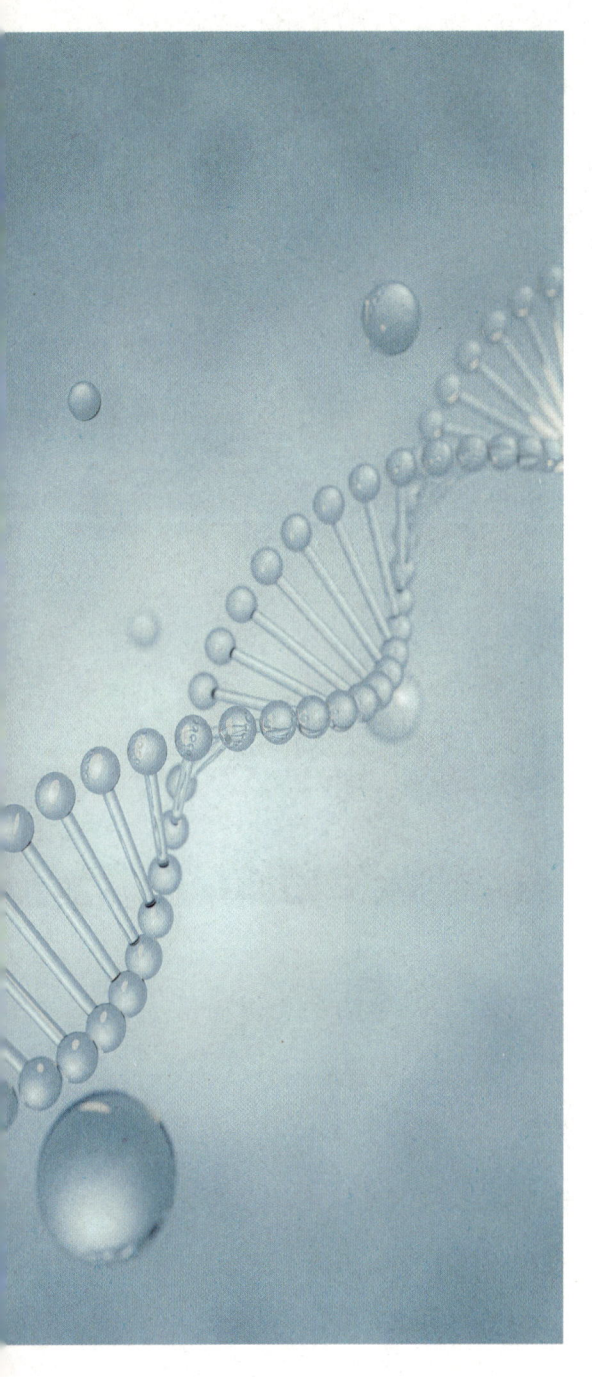

可见，核酸是生物最基本的物质。核酸不同，意味着不是一种生物。在新冠疫情期间，判定患者是否被新型冠状病毒感染，可以有各种标准，但是，进行核酸检测则是不可替代的"金标准"，道理就在这儿。

核酸是什么样子的呢？

1953年，沃森和克里克通过研究核酸晶体的X射线衍射照片，发现了DNA的双螺旋结构。

什么是双螺旋呢？

打个比方，你见过直升机接人的软梯吗？软梯的两侧是扶手，中间有很多横木，人只要抓住软梯的扶手，脚踏在一级一级的横木上，就可以爬上去。

你把一个很长的软梯扭

成麻花状，就和DNA的双螺旋结构差不多了。只不过两侧的扶手是一种叫磷酸根的物质，横木是一种叫碱基的物质，如此而已。

RNA的结构和DNA不同，它是一根长链，没有双螺旋的结构。

细胞是通过分裂来复制的。

分裂时，双螺旋结构的DNA会一分为二，成为两条单螺旋，每一条单螺旋都可以复制一条单螺旋，然后结合起来，形成两条相同的双螺旋DNA，组成两个细胞。

因为两个细胞的DNA中，都有一半来自原来的细胞，这种复制称为"半保留复制"，这种复制方法不容易变异，可以保持遗传特性的稳定性。

因为RNA是直链结构，复制是全部复制，所以在复制过程中容易变异。

核酸和双螺旋结构的发现，揭示了细胞遗传和复制的机制，完善地解释了生命体是如何繁衍后代的，这是生物学发展的一座里程碑，开启了分子生物学的时代，具有划时代的伟大意义。

人类是怎样发现病毒的

病毒是一种非细胞生命形式，它们在地球上存在的时间比人类要早得多。中国古书上有关于天花病和狂犬病的记载，它们就是病毒引起的，只不过当时的人们不清楚而已。

人类从怀疑病毒的存在，到正式发现并认定病毒，经历了40多年的时间，这是四位科学家的接力赛，非常不容易。

人类最早怀疑病毒的存在是从植物患病开始的。

19世纪末，德国科学家麦尔发现当地的烟草叶子患有花叶病，叶子不是全绿的，而是绿白相间、斑斑驳驳的，很难看。

麦尔把患病的烟叶捣碎，把捣碎的液汁用针管打到没有患病的烟叶的叶脉上，结果发现这片叶子也得病了，说明这液汁有传染性。

液汁中的什么成分会传染呢？他认为可能是一种细菌。

于是，第二位科学家出场了，他是俄国科学家伊万诺夫斯基，他把捣碎的液汁用一个细菌过滤器过滤了一下，发现细菌被过滤掉了，而液汁仍然有传染性。这说明，花叶病的病原体不是细菌。

如果不是细菌，那会是什么呢？他回答不出来。

此时，第三位科学家出场了。他是荷兰科学家贝杰林克。他把捣碎的液汁过滤掉细菌后，用培养液或培养基来培养，发现这些物质没有生命活力，不能够自己繁殖后代，却具有传染性，能够让烟草患病。他将其命名为"Virus"，即病毒。

真正弄清楚病毒是怎么回事，又经历了将近半个世纪的时间。从19世纪末叶到20世纪中叶，电子显微镜的发明，使科学技术有了长足进步。美国科学家斯坦利把烟叶里传染花叶病的病毒，通过结晶方式提炼了出来，并证明它是一种蛋白质。

病毒的体积非常小，比细菌小几千倍，只有几纳米（1微米=1000纳米），通过电子显微镜可以发现它的中心是一段核酸基因，外面有蛋白质的包层。它的特点是不能像细菌一样自己分裂繁殖，而是必须寄生在特定的生物体身上，动物病毒要寄生在一种动物身上，植物病毒要寄生在一种植物身上，离开了这些寄主，病毒很快就会死去。

但病毒一旦进入寄主身体，就会进入寄主的细胞，利用细胞里生产蛋白质和核酸的功能，大量地复制自己。

以新型冠状病毒为例，据香港大学一位专家观察，一个病毒粒子在一个细胞内可复制1000个以上的病毒粒子，这些病毒粒子会再去攻击别的细胞，病情因此会发展迅速。

病毒的寄主一般是固定不变的，但有时候病毒会发生变异，变异后，病毒的寄主也会发生变化，如禽流感病毒，本来是寄生在禽类身上的，但一旦变异，也会引起人际间的传染病。

现在世界上发现的病毒已超过10万种，其中动植物病毒各占一半。全球约有三分之二的传染病是由病毒引起的。我们耳熟能详的病毒有埃博拉病毒、艾滋病毒、肝炎病毒、狂犬病毒、流感病毒等。

比尔·盖茨曾说，病毒对人类的危险，可能超过核战争，核战争是局部的，病毒是威胁全世界的，所以必须引起足够的警惕。

人类和病毒的博弈，可能是一场持久战，这次结束了，下次还会再来。科学家发现，近些年来流行的疫情，与人类和动物的关系有关，如何与大自然和谐相处，也是人类不可忽视的问题。

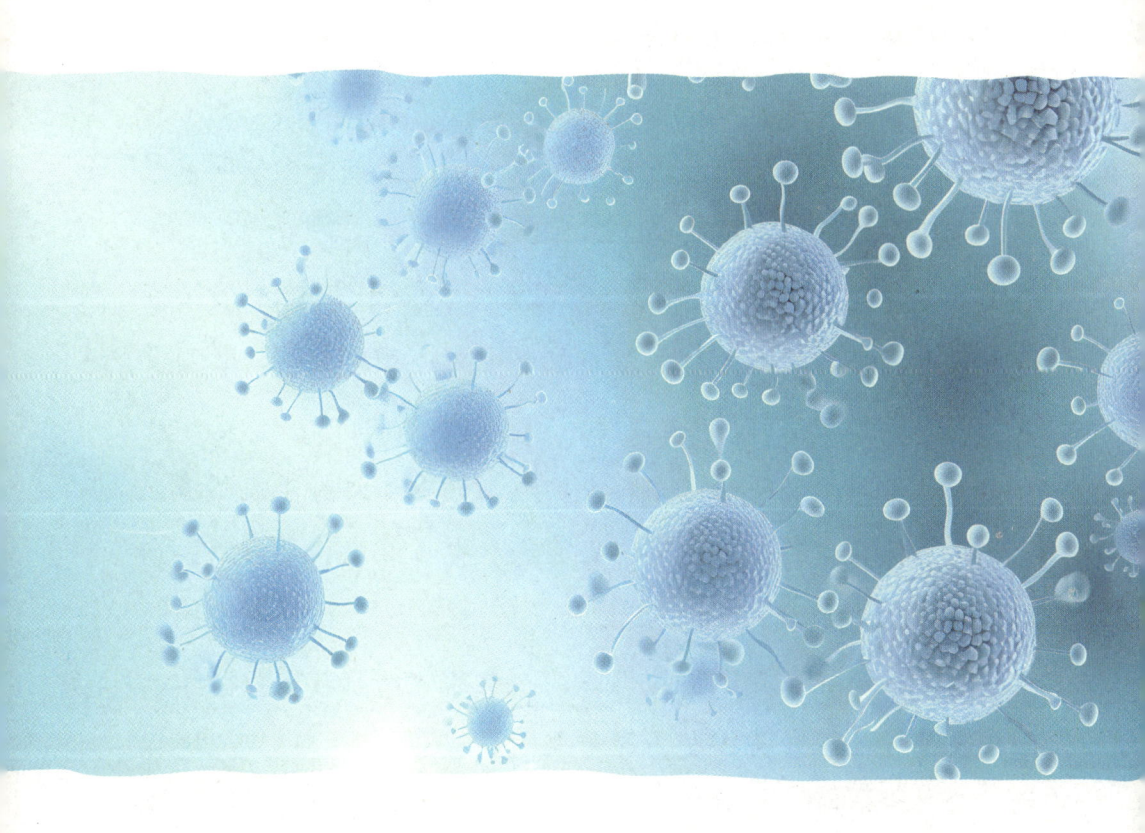

二极管的发明

二极管是现代电子技术的重要基础元件之一,它的发明为三极管、集成电路、计算机和现代通信技术的发展奠定了基础。

二极管的发明涉及两个人,一位是美国著名发明家爱迪生,另一位是英国科学家弗莱明。

爱迪生是举世闻名的发明家,其一生有2000多项发明,最著名的有电灯、留声机、电影、印刷机等。故事要从他发明的电灯说起。

爱迪生发明的电灯和我们现在的白炽灯样子差不多,也是抽真空的玻璃灯泡,里面有和电源相连接的灯丝,通电后,灯丝发热,高温发光。但是,当时爱迪生用的灯丝,不是现在我们用的钨丝,而是碳化的棉纤维或竹子,这种灯丝很容易挥发,寿命太短。

有一天,他突然想了一招:如果在灯泡里面加一块金属片,帮助散热,能不能延长电灯的寿命呢?于是,爱迪生在灯泡里面装了一块与铜线焊接在一起的小金属片,铜线的另一端引到了灯泡外面。

实验结果表明,这一招没有什么效果。

又有一次,爱迪生把这根引出的铜线与电源的正极连接,他惊讶地发现,小金属片竟然微微摇动起来。他把铜线和电源负极连接,小金属片却没有丝毫摇动。

> 通过测试,他发现铜线和电源正极连接时,铜线中有微弱的电流流过。

爱迪生困惑了:灯丝有电流流过是很自然的现象,但铜线和灯丝并不接触,为什么其中也有电流呢?

爱迪生很敏感,他立刻认识到,自己发现了一种前所未有的新现象!他把这种现象命名为"爱迪生效应",并申请了专利。

但是,遗憾的是,他没有继续深入研究这种效应。在离发明二极管只有一步之遥的时候,爱迪生却停下了脚步。

弗莱明是英国物理学家,中学物理课本中有个左手定则,用来判别通电导线在磁场中的运动方向,就是他提出

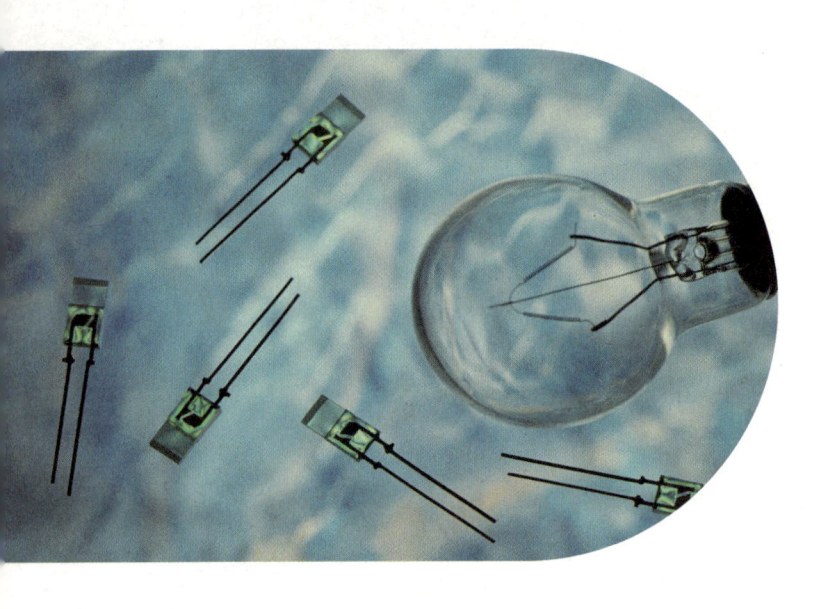

来的。他在著名的剑桥大学卡文迪什实验室工作过多年，师从汤姆孙等著名物理学家，物理学基础知识扎实，思路也比较开阔。当时汤姆孙已经发现了电子。

弗莱明认真研究了"爱迪生效应"，做出了自己的解释：铜线中的电流是灯丝发出的热电子被小金属片接收后，形成了单向电流，引起了铜片的摇动。

于是，他把铜片改进一下，做成固定在灯泡内的一个金属板——板极，在灯丝和金属板之间加上电压，世界上第一支二极管（真空管）就这样诞生了。

二极管只允许电流单向通过，可以用来整流（将交流电转换为直流电）和检波（从无线电信号中提取信息），立刻在无线电通信中得到了广泛应用，成为人类发明的第一个电子器件。

晶体三极管的发明

　　这个故事的主人公是三位美国科学家,他们发明了世界上第一支晶体三极管。

　　真空二极管和三极管发明后,无线电通信和电子技术风靡全世界,但是这些电子器件的缺点是体积大、功耗高、使用不便。尤其在军事、航天技术方面,更需要小型化、节能的电子设备。研究一种体积小、功耗低的电子器件就显得尤为迫切。

　　20世纪初,对半导体的研究有了不少进展。所谓半导体,就是导电性能介于导体和绝缘体之间的材料,如硅、锗、钟化镓等。有人发现,半导体有单向导电、光电效应等功能,于是,有很多人试图用半导体制作二极管和三极管,但因为当时理论上没有突破,这些尝试都失败了。

　　这个任务最终落到了三位科学家身上,他们是理论物理学家肖克利和巴丁,以及实验物理学家布拉顿。他们的结合是理论和实验的结合,是互补研究的典范。

他们都是美国贝尔实验室的工作人员，贝尔实验室是美国电话电报（AT&T）公司旗下的科研机构，其科研成果非常多。自1925年成立以来，仅是获得诺贝尔奖的科学家就有11位之多，拥有专利25000多项。有名的诸如晶体管、激光器、电子计算机、蜂窝移动通信系统、通信卫星、太阳能电池等，都出自这家实验室。

这三位科学家接受任务后，并没有马上投入具体工作，而是先进行固体物理学的基础研究，从理论上弄清半导体导电的机制，然后提出控制的方法。

第二次世界大战期间，他们一度离开实验室，从事军方的反潜研究，后来回到实验室继续研究，终于在1947年12月23日圣诞节前夕，研制成功了世界上第一支晶体三极管。他们这一发现为现代电子技术奠定了基础，并因此获得了1956年诺贝尔物理学奖。

晶体三极管的结构和工作原理是怎样的呢？

通常制造晶体三极管的材料是硅或锗的结晶体，在硅或锗结晶时加一点杂质磷，就成了N型半导体；如果加一点杂质硼，就成为P型半导体。

N型半导体靠自由电子导电，P型半导体靠空穴导电，二者的导电机理不同。将一块N型半导体和一块P型半导体合在一起就构成一个PN结，因为PN结具有单向导

晶体三极管的发明

电性，就是一个整流用的晶体二极管。如果拿两块N型半导体，中间夹一块很薄的P型半导体，就是一个具有放大作用的NPN型晶体三极管。（两层P型半导体夹一层N型半导体，就形成PNP型晶体三极管。）

从两块N型半导体引出的管脚分别称为发射极和集电极，夹在中间的P型半导体引出的管脚称为基极。通过基极电流的小变化，可以引起从发射极到集电极电流的大变化，这就是放大作用。

当然，实际上制造一个晶体三极管是很复杂的，对工艺的要求也很高，譬如工作间要完全无尘，不能有无关的杂质掺入。

体积小、功耗低的晶体三极管的诞生，显示了极大的优越性。

例如，世界第一台电子计算机用了2万个真空管，耗电150千瓦，计算速度每秒只有5000次，而第一台使用晶体管的电子计算机，耗电只有100瓦，计算速度可以达到每秒几十万次。

于是，真空三极管这种曾经风靡一时的电子器件，很快便退出了电子世界的历史舞台。晶体三极管后来发展成印刷电路、集成电路、芯片等，引起了全球的信息化革命，改变了人类的生活方式。